ファシリテーション・ベーシックス

組織のパワーを引き出す技法

堀 公俊 [著]

Facilitation
BASICS

日本経済新聞出版

はじめに

　日本の社会でファシリテーションに注目が集まるようになって十数年が経ちました。今やファシリテーターという言葉が当たり前に使われ、ファシリテーションを学ぶ場もあちこちに広がっています。若い人の中にも、ファシリテーターを目指す人がずいぶん増えてきました。

　その裏腹に、「ファシリテーションがうまくいかない」「ファシリテーションをもっと上達したい」「優れたファシリテーターになるにはどうすればよいか？」という声も多く聞こえるようになってきました。求められる技量と本人の実力の間にギャップが生まれているのです。

　そもそも、ファシリテーションは「知識」ではなく「智恵」です。

　知識は、読書や講義で身につきますが、智恵は経験から学ぶしかありません。先達のやり方を観察したり、実践を繰り返したりしながら、体で技を覚えていくものです。属人的な要素も大きく、落語や踊りのような"芸"に近いものなのかもしれません。

　とはいえ、闇雲にやっても上達はおぼつきません。まずは、**ファシリテーションの基本の"型"を覚えることです。**

　型を何度も繰り返す中でファシリテーションの技と心が身についていきます。型を実践する中で智恵や持ち味も生まれてきます。そうやって"自分流"のファシリテーションを見つけた人が、ファシリテーターになれるのです。

　本書では、すべてのファシリテーターが習得すべき基本の型（原理）を4つ紹介します。それが「ファシリテーション・ベーシックス」です。

　筆者が過去10年以上にわたり、2万人以上のファシリテーターを養成してきた経験の中から抽出した、いわばファシリテーションのエッセンス（真髄）です。応用ジャンルを問わず、これさえ身につければ一通りのことができるはずです。

　ベーシックだからといって入門者向けというわけではありません。芸事の修

業は型に始まり、型に終わります。上達とともに覚えるべき型が進化していくからです。

　そのために本書では、**初級編、中級編、上級編の３段階に分けて、身につけるべきスキルを解説します。**自分の力量に合ったところから読み始め、ある程度身についたら次を読む、ステップアップ方式で活用ください。

　ファシリテーションのスキルは、その場その時の反応や切り返しにこそ妙があります。少しでも現場のライブ感を味わっていただけるよう、ファシリテーターがよく使う台詞を約３００フレーズ紹介していきます。さらに、最終章では、実際の応用場面に即した使いまわし方も解説しています。

　いずれも、筆者をはじめとするプロファシリテーターが実際に使っているものばかり。内容を理解すると同時に、型として使いこなし、さらに自分なりのフレーズをつくる手掛かりとしてください。

　多様な人々が協働する社会を迎え、ファシリテーターを求める声は高まる一方です。ファシリテーションは、現代を生き抜くリーダーに欠かせないスキルであり、誰もが身につけるべきものです。

　仕事はもちろんのこと、人間関係、学習、コミュニティ活動、社会貢献など生活のさまざまな分野で役に立ちます。生涯にわたって役立つスキルであり、早く習得したほうが得です。

　本書で述べる型をしっかりと自分のものにすれば、ファシリテーターとして振る舞えるようになります。あとは、勇気を持って実践するしかファシリテーターへの道はありません。本書がその一助となれば幸いです。

堀　公俊

第 **3** 章

真意をつかむ

Message

考えを広げる
Expansion

実践! ファシリテーション技法

Phrasing

❖装幀・本文デザイン――竹内雄二
❖DTP――リリーフ・システムズ

第 1 章

ファシリテーションが
人・組織・社会を変える！

1 新しい時代の リーダーシップ

☛活躍するファシリテーターたち

　皆さんは、**ファシリテーター**と呼ばれる人に出会ったことがあるでしょうか。

　たとえば、新しい事業を考えるプロジェクトに参加し、キックオフ会議に出たら、ファシリテーターという名の人がいました。その人が話し合いを舵取りすると、時間ばかりかかるいつもの会議とはまるで違い、サクサクと物事が決まっていきます。かといって、強引さは感じられず、ちゃんとみんなの合意をとっています。

　しかも、プロジェクトが終わってみると、自分たちでも驚くほどのアウトプットが出ているではありませんか。いったい、どんな技を使ったのか。長いわりに何も決まらないウチの会議にもファシリテーターがほしいものです。

　あるいは、自分が住んでいる地域に新しく公園ができることになりました。自治体が主催する話し合いの場に顔を出したら、そこにもファシリテーターという人が。役所が考えたプランを一方的に説明されるのかと思ったら、ファシリテーターが巧みに場を盛り上げて、住民の意見を引き出していきます。

　途中で住民同士がぶつかり合う場面もそつなくかわし、どんどんみんなの思いをカタチにしていきます。最後は住民の願いがひとつになって、楽しくワークショップが終わったのでした。

　そういえば、社外のセミナーに参加すると、先生の呼び名がいつの間にか"講師"から"ファシリテーター"に変わっているではありませんか。呼び方だけではなく、研修のスタイルもまるで変わり、テキストを使った講義はグッと短くなって、自分で考えたり参加者同士が対話する時間がタップリあります。それ

をファシリテーターは遠くから温かく見守っています。

　対話や演習に夢中になっていると、あっと言う間に時間が過ぎて、こんな楽しい研修は初めて。楽しいだけではなく、話し合いの中でたくさんの気づきや発見があり、退屈な話を長々と聞かされるよりよほど学びがあります。

　そんなファシリテーターがいる場を経験したことはないでしょうか。

☛あの人たちは何をしているのか？

　どうやら、ファシリテーターは、議長や先生といった偉い人ではないようです。かといって、司会者や事務局というよりは、もっと積極的に何かをやっているようです。いったい、ファシリテーターは何をしているのでしょうか。

　3つの事例は、会議（プロジェクト）、ワークショップ、研修と対象は違っても、ファシリテーターのリードで物事が進んでいます。ファシリテーターがいなかったらそうはいきません。そういう意味ではファシリテーターは明らかにリーダーです。**リーダーシップを発揮して、みんなからビジネス成果、住民合意、学習効果などを引き出したのです。**

　ところが、リーダーと呼ぶには、あまりにもソフトな印象を受けます。あくまでも主役はその場にいる人たちであり、ファシリテーターは脇役に見えます。

　自分の考えを押しつけるのでもなければ、落としどころに向けて予定調和で物事を進めているのでもありません。でも、しっかりとその場でイニシアティブを発揮していることは間違いありません。いったい、どんなうまい手を使っているのでしょうか。

図1-1 | **活躍するファシリテーターたち**

☞プロセスでリーダーシップを発揮する

一言でいえば、コンテンツではなくプロセスにリーダーシップを発揮しているのです。

私たちは、会議や研修といった人と人が関わる場に参加すると、そこで扱われている題材の"中身"に頭が占領されてしまいます。「何が答えか？」「どんな案がふさわしいか？」「何を学べばよいか？」です。

これらを**コンテンツ**（内容）と呼びます。具体的には、意見、アイデア、知識、経験、思いなど、料理でいえば"素材"に当たるものです。それを元に結論や学習を生み出していきます。そこに意識がいくのは当然のことです。

ところが、そうすると「どんなやり方で議論すればよいのか？」「この場で何を話し合うべきか？」「誰に話を振ればよいのか？」といった"進め方"への意識がおろそかになります。これらを**プロセス**（過程）と呼びます。具体的には、進行、働きかけ、関係性、思考法、感情の扱いなどであり、料理でいえば"調理"に当たるものです。

コンテンツとプロセスは、いわば車の両輪です。どちらもないとうまくいきません。互いが掛け算となって成果が生まれます。片方がいくら良くても、もう片方がゼロなら、結果はゼロになってしまいます。

図1-2 | コンテンツとプロセス

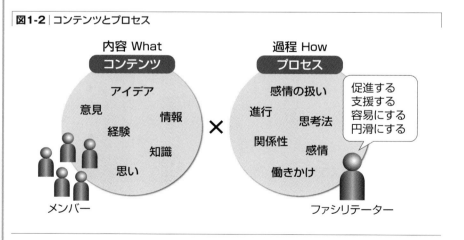

012

ところが、全員に両方を目配りさせるのは大変です。だったら、参加者がコンテンツに専念する代わりに、**1人だけコンテンツから離れ、みんなのためにプロセスを考える人を置いておけばよい。**それこそがファシリテーターです。

　言い方を換えると、参加者が安心してコンテンツに集中できるよう、ファシリテーターがプロセス面でリーダーシップを発揮する。ファシリテーターとは、1人ひとりを輝かせる、裏方としてのリーダーなのです。

☞（成果＋納得感）×スピード

　ファシリテーターがいれば、どんな良いことがあるのでしょうか。

　会議や研修というと、どうしてもリーダー（＝偉い人）がコンテンツを仕切ってしまい、自分が思い描く答えに議論を引っ張っていきがちになります。各人のコンテンツはそれに合うかどうかで評価され、合わない意見を出すのがはばかられます。

　ところが、ファシリテーターがプロセスだけを舵取りすれば、みんなは安心して自分のコンテンツが出せます。結果的に、全員の智恵と経験を集めた、合理的な答えが出やすくなります。

　しかも、決まったことに対する納得感が得られやすくなります。人は参加しないものに納得しません。納得感とは、答え（コンテンツ）はもとより、話し合いの進め方（プロセス）から生まれてきます。

　たとえ、自分とは違う答えであっても、言いたいことを言い尽くした上で決まるのなら、受け入れようという気持ちになります。受け入れた答えなら、頑張ろうと思うようになります。結果的に、成果に結びつきやすくなるのです。

　そもそも、なぜ私たちが話し合うかといえば、1人で考えるよりもみんなで考えるほうが良い答えが得られるからです。話し合いを通じてその答えを1人ひとりの腹に落とすためです。2つの目的を達成するには、ファシリテーターの存在が欠かせません。

　しかも、**プロセスを効率的に舵取りすれば、スピードも速くなります。**検討のヌケモレ、議論の蒸し返し、かみ合わない論点、不毛の論争などが減るからです。納得した答えが得られるので、決まった後の思い違いや手抜きも少なくなり、成果までの時間も短縮できます。

ファシリテーションの本質とは？

☛組織開発のグループアプローチ

ファシリテーション（Facilitation）とは「促進する」「容易にする」「円滑にする」という意味です。

その役割を主に担う人が、ファシリテーター（進行促進役）です。プロセスに関わることで、会議、ワークショップ、研修、プロジェクトといったチーム活動が手際よくいくように支援していきます。

促進ですから、あくまでも**チームが本来持っている力を引き出し、大きく育てていくための活動です**。外から新たな力を注入したり、自らが主役となって推進したりするわけではありません。コンテンツではなくプロセスをリードすることに注力します。

ファシリテーターは、問題解決、アイデア創造、合意形成、教育学習、チーム運営、組織変革、イノベーションといった、人と人が関わる活動を促進します。ビジネスでいえば、**組織開発**と呼ばれる組織力を高める活動の重要な手法のひとつです。

そもそも、組織には２つのものが求められます。１つは、優れた成果を出すことです。戦略、マーケティング、ファイナンス、マネジメントなどは、効率的に成果を生み出すために考え出されたものです。

ところが、成果や効率性ばかり追い求めていくと、組織は疲弊していきます。１人ひとりがイキイキと活動し、組織力を高めていかないと、いつかは立ちいかなくなります。リーダーシップ、チーム・ビルディング、モチベーション、ラーニング、キャリアデザインといった要素が重要なカギを握っています。こ

れらをまとめて組織開発と呼びます。

　組織開発の１つのやり方は、「個（人）を高めることで全体（組織）を高める」ことです。たとえば、１人ひとりのスキルやモチベーションを高め、優秀なリーダーを育成すれば、組織は強くなります。これを**パーソナルアプローチ**と呼びます。コーチングは、そのための代表的な手法のひとつです。

　ところが、いくら個が強くても、個と個が有機的に結びついていないと、全体として強くなりません。そのために必要なのが、「個と個の関係性を高めることで全体を高める」**グループアプローチ**です。人と人のネットワークを強化することで、チーム力を上げようというのです。

　人を高めるのか、人と人の関わりを高めるのか、２つのアプローチはどちらか一方だけが正しいということはありません。団体スポーツの世界を見ても、海外では個人の力量が注目され、日本ではチームプレーに重きを置くのが通例です。片方が高まればもう片方が高まり、鶏と卵のような関係にあります。

　グループアプローチには、パーソナルアプローチにない良さがいくつかあります。グループアプローチの特長を巧みに活用するところに、ファシリテーションを実践するポイントがあります。

図1-3 ｜ 2つの組織観

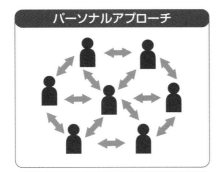

パーソナルアプローチ

組織＝個人の集合

グループアプローチ

組織＝関係性の集合

☛人と人の相互作用を促進する

　人は、１人のときと、集団の中とでは振る舞いが大きく違います。それは、他の人からいろんな影響を受けるからです。それと同時に、自分も他人に影響を与えています。人と人の関わりの中で、相互に影響力を複雑に及ぼし合っているのが私たちの社会生活です。

　たとえば、こんなことはないでしょうか。みんなでイベントの企画を考えているときに、誰かが思いつきを述べました。すると、「だったら、こんなのは？」とアイデアを膨らませる人が現れます。そうやって、発想をつないでいるうちに、目の覚めるような斬新なアイデアが飛び出して、みんなビックリ。

　あるいは、キャンプの夜に焚火を囲みながら話をしていると、誰かが「実は……」と胸の内を吐露しました。それに触発されて、「じゃあ、私も」と別の人が語り出しました。そうやっているうちにどんどん盛り上がり、とうとうある人が心の底に封印していた秘密を告白してしまいました。

　これらはすべて、集団が持つ相互作用（**グループ・ダイナミクス**）がなせる業です。個人の思考、感情、行動、関係などが相互に影響し合い、循環的な共振現象が起こったのです。ときには、普段とは予想もつかない振る舞い、いわゆる**創発**が偶発的に現れます。

　ファシリテーションでもっとも大切なのは、集団が持つこういった相互作用を促進することです。

　いつも創発が生まれるとは限りませんが、人と人の共振現象を生み出し、個人を超えた創造や学習を生み出してこそファシリテーションです。１人ひとりの個性や能力も大事ですが、多様な人材をつなげ、個人を超えた**集合知**を生み出すことがカギとなります。

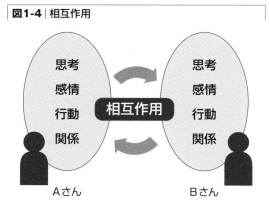

図1-4|相互作用

思考　感情　行動　関係　相互作用　思考　感情　行動　関係

Aさん　　　Bさん

ただし、誤解がないようにつけ加えておけば、相互作用はプラスに働くものばかりではありません。みんなが集まったために台無しになった、というマイナス効果もあります。不安、遠慮、牽制、威嚇、葛藤といったものです。

　人と人の相互作用をひも解いて、プラス効果を高めつつマイナス効果を抑え込んでいく。それがファシリテーターの本来的な仕事となります。

☛ファシリテーターは単なる調整役ではない

　人と人の絆や関係性（ネットワーク）を高めることが、あらゆる場面で求められるようになってきています。だからといって、ファシリテーターは単なる調整役ではありません。そう思ってしまうのは、日本人が独特の組織観を持っているからです。

　私たちは組織と聞くと、暗黙のうちに同質性の高い人たちの集まりを思い描きます。同じような考え方や価値観を持った人でチームを組み、みんなのために一丸となって頑張る組織です。高校野球のチームのように。

　基本的にみんな同じですから、プラスの相互作用が起こっても大したことはなく、ファシリテーターの役割はマイナス効果を取り除くことに重きが置かれます。結局、みんなが仲良くできるよう、考えが同じになるように、人と人の間を取り持ちます。それも、空気を読んで互いに察し合いながら。

　ところが、欧米生まれのファシリテーションは、**異質性の高い社会を前提に考えられたものです。**価値観や考え方の枠組みがそもそも違い、互いが分からないことが出発点になります。

　察し合いなど通用せず、とことん言葉でやりとりして、分かり合う努力を常にしていかなければいけません。裏で根回しをしたり、落としどころに誘導するなんてことをすると、信頼という名の土台を壊してしまいかねません。

　半面、うまくいけば、多様性のおかげで大きなプラスの相互作用が生まれます。これこそがファシリテーションの醍醐味となります。

　もちろん、日本のファシリテーションには日本人ならではの良さがあります。それを否定しませんが、そもそもファシリテーションは多様性、つまり「互いが違う」ことを前提にしていることを忘れないようにしましょう。多様な人々が織りなす相互作用にこそポイントがあるのです。

いま、なぜファシリテーションなのか？

☞衆知を集めないと解決できない

　「ファシリテーションは21世紀でもっとも大切なスキル」だと言われています。それは私たちが多様な人々が協働する社会に生きているからです。

　企業の中を見ても以前とは大きく様変わりしました。環境変化のスピードが加速し、次から次へと新しい問題が現れます。それを機敏に解決して組織のノウハウとして蓄積していかなければなりません。すなわち、**学習する能力とスピードが企業の生命線になってきているのです。**

　環境変化をいち早く察知し、その本質を見抜けるのは、何と言っても現場の人たちです。問題を解決するには、問題に一番近い人の智恵や洞察が求められます。現場の衆知を集めることが組織の喫緊の課題となっているのです。

　しかも、最近の問題は一筋縄でいかないものばかりです。多様な知識や経験を集めないと解決できません。そのため、ひとつの職種や部署だけでは片づかず、いろんな専門家を集めてプロジェクト的に進めざるをえません。

　そうするとやっかいなのが、職種や部署によって考え方や大切にする価値が違うことです。営業部はお客様の視点を大切にし、開発部は新しい技術を育てることに重きを置く、といったように。

　さらに、世代や男女による考え方の違いや正規・非正規といった雇用形態による価値観の違いが絡んできます。最近では、外国人が仕事に関わるケースも増えてきました。企業を超えた連携や協業はもちろん、自治体、大学、NPOといった非営利組織との関わりも増えています。ますます仕事が複雑化しているわけです。

☛正解が分からない不確実な時代

この話は、社会全体を見渡してもまったく同じです。社会が複雑化したために問題解決が困難になってきています。社会変革のファシリテーターであるＡ.カヘンはそれを３つの視点から説明しています。

１つ目は**物理的複雑性**です。原因と結果が時間的にも空間的にも離れていることから起こる困難さを意味します。たとえば、日本の原発問題の影響は数十年後に世界のエネルギー問題として現れるかもしれません。

２つ目は**生成的複雑性**です。未来の予測が難しくなり、何が生まれるか分からなくなりました。実際に、経済格差の問題やテロとの闘いが今後どう展開していくのか、世界中の誰も見通しが持てずにいます。

３つ目に**社会的複雑性**です。問題に多くの人が関わっており、しかも関係者の間で考えや信念が違います。価値観が多様化するグローバル化社会を迎え、対立を解きほぐすのは容易ではありません。

言い換えると、私たちは、何が正解か分からない、不確実な時代に生きているわけです。

単純な問題を扱っているときは、合理的に考えれば答えが見つかりました。「経済的に豊かになろう」といった価値基準が一致していれば、正解だと誰もが思えました。

ところが今はそうはいきません。正解が何か誰も分かりませんし、人々の正解も決して一致しません。

「何が正解か？」を話し合うことはとても重要ですが、正解だとは誰も証明できません。極端に言えば、やってみないと分からない世界です。

そうなってくると、**大切なのは**

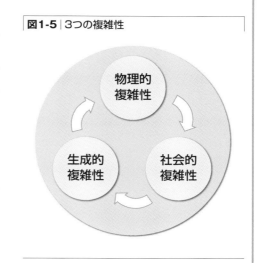

図1-5│3つの複雑性

「何だったらみんなが正解と思えるか？」です。正解と信じられれば、実現に向けて頑張れます。みんなの力がひとつになります。そうすれば、望む成果が得られ、結果的に正解となります。

　やってみて思うような結果にならなかったら、素早く学習をしてもう一度考えればよいだけ。確実な正解を求めていつまでも議論するよりは、みんなが正解と思えるものを紡ぎ素早くアクションしていく。それが今の時代の問題解決のスタイルとなります。

☛リーダーシップやマネジメントの限界

　こういった複雑な問題の解決を、1人のリーダーに任せるのには無理があります。

　どんな優れた人でもすべてのことが分かるわけではありません。分野を限れば、専門家や現場が持っている豊富で新鮮な知識には勝てず、それらを集めないと全体像が見えてきません。リーダーが1人で解決しようとすると、**限られた知見で判断せざるをえず、大きく見誤る恐れがあります**。

　仮にリーダーに判断を任せたとしても、成果を得るには多くの人を動かさないといけません。伝言ゲームではリーダーの思いが正確に伝わらず、一方的に指示命令したのではやる気が出ません。

　にもかかわらず、マネジメント手法を駆使して思い通りに動かそうとすればするほど、やる気が下がって逆効果になります。下手をすると「やったふり」「やっているつもり」が横行してしまいます。

　本来リーダーシップというのは、リーダーとメンバーの知識や経験の差が大きいときに力を発揮するものです。無知なメンバーよりも賢いリーダーに決定を委ねるのがリーダーシップです。マネジメントにしても、「決まりごとに従う」という原則を守ろうとみんなが思って初めて機能します。

　ところが、現代社会ではこれらの前提が崩れてしまいました。今や誰でも、ある領域では専門家です。自分の考えを認めてほしいという欲求も持っています。いくら決まりごとでも、やりたくないことはやりたくないと思っています。強いリーダーシップや緻密なマネジメントだけでは立ちいかなくなってきているわけです。

☛ 支援型リーダーシップが求められている

そこで登場するのがファシリテーションです。プロセスを舵取りすることで、みんなが持つ豊かなコンテンツを引き出し、納得のできる答えに導いていくリーダーシップです。それが複雑な問題を多様な人々で解決するのに最適なカタチなわけです。

「私が正解を知っているから、みんな信じてついてこい」と先頭に立って旗（コンテンツ）を振るスタイルを**先導型リーダーシップ**と呼びます。リーダーといったときに、こちらのタイプを思い浮かべる人が多いと思います。

それに対して、「みんなで正解と思えるものを考えよう」と呼びかけ、そこに向けての道筋（プロセス）をリードするのが**支援型リーダーシップ**です。リーダーシップのスタイルを、コンテンツ主導からプロセス主導へとスイッチしないと、うまくいかなくなってきたわけです。

だからといって、前者が間違いで後者が正しいということではありません。リーダーシップには正しいスタイルはなく、状況に応じて使い分けるべきだというのが、今のリーダーシップ論の主流の考え方です。

リーダーとメンバーの知識や経験の差が大きいときや、話し合う時間のない緊急事態が発生したときは、強いリーダーの決断が求められます。組織や社会の大きな変革を起こすときも、中身を決めるのは関係者であっても、「変革をする」と決断するのはリーダーの役目です。現場の奮起を待っていたら、タイミングを逸してしまいかねません。

さらに言えば、決まったことをきっちり進めるには、マネジメントの力が重要です。話し合いは盛り上がったものの、結局誰も動かなかったでは、やる意味がありません。「自分たちで決めた以上、最後まできっちりやる」という習慣をつけるためには、誰かが尻を叩かないといけません。

ファシリテーションは万能選手ではなく、それですべてが片づくわけではありません。しかしながら、今後の組織運営の基軸になることは間違いありません。**強いリーダーシップや緻密なマネジメントばかりでは立ちいかず、ファシリテーションの力が不可欠です。**ファシリテーションを活用することで、見違えるほど人・組織・社会が変わり、困難な問題解決への道が拓けてきます。

ファシリテーションはどこから来たか？

☛人の成長を目的とした「人間系」

　ファシリテーションという概念は1940年代のアメリカで産声を上げました。当時、グループが話し合うことを通じて、民主的な社会を担うリーダーを育成する方法が開発されました。そのときに、グループの中で起こったことを観察し、さらに促進していく役割を持った人がファシリテーターの起源となりました。

　ここから、「集団での教育や学習を支援・促進していく人」をそう呼ぶようになりました。**人間系（教育系）ファシリテーター**と名づけることにします。体験学習、社会（生涯）教育、環境教育、国際教育、キャリア開発といった分野から、演劇、美術、音楽などの自己表現の場でのファシリテーションを含みます。

　最近では、総合的学習の時間、協同学習、探究学習、モラル・ディスカッション、アクティブ・ラーニングなど、学校教育での応用が盛んです。先生が一方的にコンテンツを教えるのではなく、子どもたち同士の対話を通して学ぼうというものです。大学の授業や企業研修においても対話型で進める機会が増えてきました。

　人間系ファシリテーターのひとつの特徴は、人と人の間で起こったグループ・プロセス（関係過程）を大切にすることです。なかでも、感情的な動きを丹念に見ていくことで、気づきや学びを引き出していきます。

　そのため、介入や仕込みといった作為的なものはできるだけ控え、場の自然の流れに委ねることが好まれます。学びを深めるための振り返り（リフレクシ

ョン）に重きを置くのも人間系ファシリテーターの特徴です。それが、ファシリテーションの本流と呼ぶべき領域で活躍する人たちです。

☛コミュニティの合意を支援する「社会系」

一方、1960年頃から、住民が主体的に参加してコミュニティの問題を話し合う場で、合意形成に向けて話し合いの進行を司る人をファシリテーターと呼ぶようになりました。**社会系（まちづくり系）ファシリテーター**と名づけることにします。

自分たちのコミュニティのことは自分たちで決めたい。ところが、住民同士の利害がぶつかり合って前に進まない。そういうときに、中立的な立場から合意形成のプロセスを舵取りするのが社会系ファシリテーターです。

小は自治会やPTAなどの身近なコミュニティから、大は環境問題や生命倫理などの地球規模のコンセンサスづくりまで、ありとあらゆる社会の合意形成に関わっていきます。活躍する領域も、都市計画、福祉、教育、環境、産業、観光、防災、地域振興など、多種多様なコミュニティの問題に広がっています。東日本大震災においても、今なお多くのファシリテーターが復興に向けて奔走しています。

最近、地方活性化の観点で注目されているのが**コミュニティデザイン**です。モノやコトではなく、人と人のつながりをつくることを通じて、持続的に発展する地域をつくろうという取り組みです。過疎化対策の切り札としても脚光を浴びています。

社会系ファシリテーターは、幅広い住民の参加と納得をとても大切にします。合意を積み上げていくプロセスを丁寧

図1-6 | 4つの応用分野

人間系
（教育学習型）
学習・自己変容

心理的
問題

複合系
（変革型）

功利的
問題

規範的
問題

組織系
（問題解決型）
合理性・効率性

社会系
（合意形成型）
民主性・納得感

につくっていくのが特徴です。たとえば、親和図法と呼ばれる、付箋に意見を
書き出しながらまとめていく手法があります。対等に意見が出せる上に、合意
形成のプロセスが体感でき、多くの社会系ファシリテーターが愛用しています。

☞ 問題解決を促進する「組織系」

　これら2つの流れが広まるにつれ、1970年あたりから、組織内の会議や
ミーティングにおいて、議論をスムーズに進行するために働きかける人をファ
シリテーターと呼ぶようになりました。

　それが少しずつビジネス分野の問題解決に取り入れられ、ファシリテーター
という言葉が一般に普及することになりました。**組織系（ビジネス系）ファシ
リテーター**と呼ぶことにします。

　応用分野としては、会議進行、プロジェクト推進、業務（プロセス）改善、
商品開発、マーケティング、組織改革、ビジョンづくり、チーム運営支援、協
働型セールスなどがあります。ビジネスに限らず、医療、福祉、教育といった
分野で、専門家が集まって問題解決を進める際（**多職種連携**）にも威力を発揮
します。NPOなどの非営利組織の運営においても、たくさんのファシリテー
ターが活躍しています。

　日本では**ワークアウト**と呼ばれる業務改善活動が火付け役となりました。問
題の関係者を幅広く集め、自律的に解決策をつくり上げるチーム活動です。日
本の改善活動をモデルにしてつくられたと言われています。

　最近の傾向は、ビジネス分野に
おいても**ワークショップ**の活用
が進んでいることです。自らの経
験に基づくオープンな対話を通
じて、優れた成果を生み出すとと
もに、チームづくりや学習をして
いくのがワークショップです（コ
ラム6参照）。

　組織系ファシリテーターは、合
理的な結論をスピーディに出す

図1-7 | ワークショップ

ことが求められます。そのためには、フレームワークと呼ばれる問題解決のツールが欠かせず、ホワイトボードやフリップチャートなどの小道具を使うことが多くなります。

☞出現する未来を描く「複合系」

これら3つのやり方を自在に取り交ぜ、人・組織・社会の変革を目指すのが**複合系（変革系）ファシリテーター**です。1990年あたりの欧米から出てきた比較的新しい分野です。

複雑な問題を解決するには、利害関係者が一堂に会して話し合うしかありません。これを**集合的対話**（マルチ・ステークホルダー・ダイアログ）と呼びます。そのための手法がホールシステム・アプローチです。多彩な手法が考案されており、企業、団体、NPO、コミュニティの変革やさまざまな紛争の解決に活用されています。

これに、デザイン思考やシステム思考の考え方を加え、イノベーション（創造的革新）を起こす場として注目されているのが**フューチャーセンター**です。未来の利害関係者が集まり、フューチャーセッションと呼ばれるワークショップを繰り返しながら、自分たちの未来像やそこに至るシナリオをつくり出していきます。

変革系ファシリテーターの活動のひとつのベースになっているのが、P.センゲが提唱する**学習する組織**です。今の組織開発の主流をなす考え方であり、現在も深化を続けています。

複合系ファシリテーターで共通するのは、ポジティブであることです。「未来は自分たちの力で変えられる」と前向きに考え、過去や難点に焦点を当てるのではなく、未来や強みにフォーカスしていきます。明るく楽しく前向きに対話ができるよう、おしゃれで心地よい場づくりに気を使うのも特徴です。

このように、一口にファシリテーターと言っても、いろんな人がいます。自分が目指すのがどれかだとしても、他のジャンルのファシリテーションも経験されることをお勧めします。ファシリテーションそのものへの理解を深め、スキルやマインドの幅を広げてくれるからです。

5 ファシリテーションの基本スキル

☞ファシリテーターのスキルの3層構造

　ファシリテーターに求められるスキルは3層構造を持っています。

　底辺にあるのが、いかに有能で魅力ある人を居心地のよい場（環境・空間）に集めるか、「場づくり」や「チームづくり」と呼ばれるスキルです。料理にたとえると、素材集めに当たります。

　魅力ある場に魅力ある人が集まります。そのためには、テーマ設定や企画力はもとより、ファシリテーター自身の魅力やブランドがものを言います。いかに告知や根回しをするかも重要なポイントとなります。

　極端な話、いい素材さえ集めれば、**素材自体が連鎖反応を起こして、自分たちで最高の料理をつくってくれます**。ファシリテーターがすることがあるとしたら、邪魔をしないことくらいです。

　ところが、いつもそうはいきません。最高の素材を集められるとは限らず、"あてがいぶち"で料理をつくることもあります。連鎖反応が自然と起こるのを待っていられないときもあります。それでも、最大の成果を出さないとファシリテーターがいる意味がありません。

　そこで登場するのが**アクティビティ**やフレームワークと呼ばれる、話し合いの手法です。料理でいえばレシピに当たります。

　親和図法、ワールド・カフェ、SWOT、ドット投票といったツールを巧みに組み合わせれば、どんな人が来ても、限られた時間の中でそれなりの味が出せるようになります。そのため、関心が一番高い領域です。

☛集まった素材をいかに料理するか?

ところが、いくら手法を用いても相手は生身の人間です。気分や体調もあれば、互いの相性によっても振る舞いが変わってきます。やってみないと分からないことも多く、予期せぬことも次々と起こります。

そうなってくると、最後は料理人の経験と腕前にかかってきます。その日集まった素材や組み合わせに応じて、火加減を調整したり、盛りつけ方を変えたり……。ときには料理法をガラッと変える決断もしないといけません。最上段に乗っかる狭義のファシリテーションのスキルがものを言うわけです。

本書で扱うのは最上段の部分です。他がいらないというのではなく、素材集めは属人的要素が大きくてスキル化(体系化)しにくいからです。レシピは、本シリーズの既刊6冊を含め、既に世間に出回っており、今さら説明するまでもないからです。最上段の部分は、総合的に解説したものがいまだ見当たらず、ここに焦点を当ててみます。

しかも、幅広いファシリテーションのスキルの中で、料理人が必ずマスターすべき基本動作を4つに集約して解説します。それこそが**ファシリテーション・ベーシックス**です。

☛ 基本動作1 論点を定める

何を目指して話し合うにしても、論点(イシュー)がなければ話し合いは始まりません。論点を設定するのはファシリテーターのもっとも重要な役割です。

たとえば、「チームの士気が落ちている」という現実を前に、「何がチームの士気を下げているのか?」を論点にするのと、「どうやれば士気が上がるか?」とするのでは、話し合いの中身が随分変

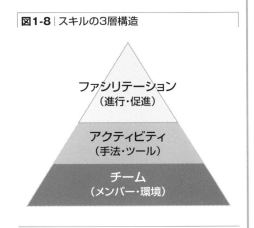

図1-8 | スキルの3層構造

ファシリテーション
(進行・促進)

アクティビティ
(手法・ツール)

チーム
(メンバー・環境)

わってきます。

「何が答えか？」を考えるのは、その場の参加者です。「何を話し合えば答えが出るか？」、すなわち論点を考えるのがファシリテーターの仕事です。

適切に論点が設定できれば、円滑に話し合いが進みます。意見がかみ合わなくなったら論点を整理する必要があります。意見が対立したら、論点を置き直さなければなりません。

プロセスでリーダーシップを発揮しようと思ったら、何はさておき論点を舵取りすることです。論点こそチームの力をひとつにする焦点となります。

論点を置くことは、話し合い全体の流れを決めることにつながります。もっと言えば、問題解決や合意形成のプロセス全体を定めることに他なりません。

☞ 基本動作2 真意をつかむ

論点があるのに意見が思うように出ないとしたら、何らかの要素が邪魔をしています。まずは、それを取り除いて意見が出るようにしなければなりません。

ところが、意見が出たとしても真意が伝わるとは限りません。人によって言葉の意味するものが違い、背景によっても解釈が違います。省略、歪曲、一般化といったミス・コミュニケーションも起こります。ときには、言葉で言っていることと、体から出ているメッセージが違うこともあります。

実は、話がまとまらない原因のかなりの部分が誤解です。互いの真意が伝わらないまま、不毛の論争をしているケースが多いのです。

そういうときこそファシリテーターの出番です。絡まった糸をほどいて、互いの真意や意図が正しく理解し合えるようにしていきます。互いに分かり合えるよう、橋渡しや通訳をするのです。

☞ 基本動作3 考えを広げる

話し合いが前に進まなくなるもうひとつの原因は、考えが狭いことにあります。難しい問題や深刻な対立に直面しても、目の覚めるような意見やアイデアが1つ出れば、「よし、それで行こう！」と、たちどころに解決してしまいます。アイデアが厄介ごとを消し去ってくれるのです。

ところが、これは「言うは易し、行うは難し」です。人それぞれ、考え方の

枠組みがあり、柔軟に発想することに蓋をしてしまっています。それを取り除くための働きかけがファシリテーターに求められます。

　なかでもやっかいなのが、「○○に違いない」「○○に決まっている」「○○であるべきだ」という固定観念です。対立がなかなか解消できないのも、互いの当たり前（常識）がぶつかり合っているからです。

　固定観念が緩めば、互いの考えの重なり合う部分が現れてきます。どうやって実現させるか、まさにファシリテーターの腕の見せどころとなります。

☛ 基本動作4 共通項を見つける

　意見やアイデアを引き出すだけでは、考えも深まらず結論もまとまりません。それらを整理した上でしっかりとぶつけ合わせ、絞り込みや選択をしていかなければなりません。それは、共通項を見つけることから始まります。

　整理とは分けることです。似たようなものを束ねてひとくくりにするのが整理の基本動作です。この上手下手が後の工程に大きく響きます。意見をまとめるのも同様です。みんなの意見の共通項を探し出して、合意をつくっていきます。

　ときには、ピッタリと意見が重ならないこともあります。しかしながら、少し視点を変えれば共通項が見つかるかもしれません。手段が違っていても目的が同じ、具体策が異なっても方針が一致、ということもあります。見解は違っても気持ちの上ではひとつになったり、言葉を少し工夫するだけで、意見が折り合うこともあります。

　そうやってファシリテーターが共通項をあぶり出すことで、話し合いはゴールに向けて進んでいきます。

図1-9｜4つの基本動作

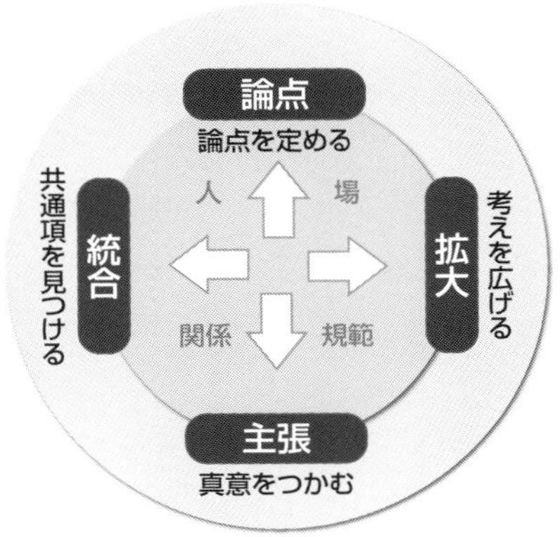

論点
論点を定める
人　　場
共通項を見つける
統合
拡大
考えを広げる
関係　規範
主張
真意をつかむ

☛論理戦と心理戦を舵取りする

　人と人が関わる場では、主に２つのものがぶつかり合います。１つは、**論理戦**です。「私は○○だと思う。なぜなら……」「それは違う。△△であるべきだ」という闘いです。意見、主張、思考、要求などのせめぎ合いです。

　論理戦が氷山の水面上の部分なら、水面下にあるのが**心理戦**です。「負けてたまるか」「なぜ、お前にそんなことを」といった感情、意地、プライド、自尊心などの闘いです。この部分が論理戦に大きな影響を与えています。

　実際には、この２つが複雑に絡み合い、さまざまな人間模様が展開されます。一筋縄ではいかないのが現実の話し合いです。現場は生モノであり、こうすれば必ずうまくいくという方法があるわけではありません。

　４つの基本動作はどちらの戦いでも威力を発揮します。必ずしも紹介した順番で使う必要はなく、臨機応変に使い分けるものです。どう働きかけてよいか悩んだら、４つの動作のうちのどれかをすれば場は動くはずです。どの働きかけを選択するかで次の展開が変わり、その時点での判断が重要となります。

　さらに、４つを組み合わせて使うと効果が増します。考えが広がらなかったら新しい論点を設定する、共通項を見つけるために真意を探る、といったように。４つを自在に組み合わせて話し合いをリードしていくのが本来の姿です。

　アクティビティやフレームワークといった話し合いの技法も、４つの基本動作と組み合わせるからこそ本来持っている威力が発揮できます。ぜひ、ファシリテーション・ベーシックスを自分のものにして、どんな場でも対応できるようになりましょう。

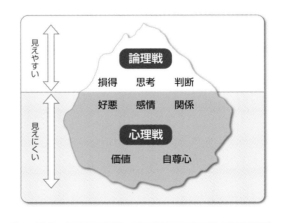

図1-10｜論理戦と心理戦

6 ファシリテーターを目指そう!

☛ 誰もがファシリテーターになれるのか?

「興味はあるのだけど、自分は会議を仕切れる立場にないし……」と二の足を踏む方をよく見かけます。それは大きな誤解です。**ファシリテーターになること、ファシリテーションスキルを使うことは別だからです。**

一例を挙げれば、議論が錯綜しているときに、参加者の1人が「一度、論点を整理しませんか?」とプロセスに対する意見を出したとしましょう。他のメンバーが賛同して、思った通りに論点の整理ができたなら、立派にファシリテーションのスキルを駆使したことになります。

そもそも、リーダーになることと、リーダーシップを発揮することは違います。前者は任命されないとなれませんが、後者は誰でもできます。何かを提案してそれにみんなが従えば、リーダーシップが発揮されたことになります。

メンバーの誰がプロセスをリードしても構いません。いついかなる場合でもファシリテーションのスキルは使えるのです。

一方、「自分は中立的な立場ではないからファシリテーターになれない」と言う方もいます。残念ながらこれも誤解です。

そもそも、どれくらい中立性が必要かは話し合いの場によって変わります。利害が激しく対立している場面では厳しく求められますが、クリエイティブなアイデアを生む場ではそれほど重要ではありません。

第一、人それぞれ自分の意見があり、本当に中立な人なんかいません。重要なのは意見の中立性ではなく、プロセスの公平性です。たとえ、自分が思い描く結論があるとしても、話し合いのプロセスが公平なら納得感があります。

さらに大切なのは信頼感です。すなわち、ファシリテーターの能力や行為に対する信頼です。これは自分で鍛錬するしかありません。

　加えて、**意図や目的に対する信頼が重要です**。自分のためではなく組織や社会のためにやっているか、です。これら２つの信頼さえあれば、誰でもファシリテーターになれます。

　ファシリテーションはこれからのビジネスリーダーに欠かせないスキルです。「なぜできないか？」の言い訳を考えるよりは、「どうやったらできるか？」の方法を考えたほうがよほど生産的です。

☛自分の持ち味を活かそう

　ここまで述べてきたように、ファシリテーターのスタイルは多種多様です。使うスキルも用途によって異なり、ひとつの決められた正しいカタチがあるわけではありません。ファシリテーターを名乗るのに資格はいらず、そう宣言したときからファシリテーターになれます。

　ファシリテーターへの道とは、**自分流のファシリテーションを見つけ出す旅に他なりません**。

　たとえば、ロジカルシンキングが得意な方は、鋭いツッコミを入れて参加者をうならせるファシリテーションを。話を聴くのがうまい方は、相手に安心を与えながらホンネを引き出すファシリテーションを。

　段取りをしっかり組むほうがうまくいく人もいれば、その場の流れで臨機応変にさばくのが得意な人もいます。どちらが良い悪いはなく、プロセスを促進できるのならどちらでも構いません。

　要は、自分の強みである"持ち味"を活かすことです。

　私たちは、ややもすると、自分の良さに気づかず、自分にないものを持っている人にあこがれます。いつかはあんなファシリテーターになりたい、と。

　ところがそれは険しい道であり、艱難辛苦の上に多少身についたとしても、とても同じレベルには到達できません。結局、個性のないファシリテーターになるだけです。

　それよりは、自分の長所を活かしたファシリテーションを目指したほうが、よほど実りがあります。足らないところは、他のファシリテーターに任せたり、

メンバーの力を借りればよいだけ。すべてを1人で背負いこむ必要はなく、みんなでリーダーシップを発揮すればよいのです。

☛人と人が響き合う社会を目指して

今、どの分野を見渡しても、「良いファシリテーターがいないのか？」という声が高まる一方です。需要に供給がまったく追いつきません。

不確実な時代を迎え、「こっちに向かうべきだ」「私の言い分が正しい」とコンテンツを声高に主張する人は山ほどいます。ところが、人と人をつなげたり、意見をまとめる人がいないのです。そのせいで、いつまでたっても困難な問題の解決が進展しません。

特に、これからの日本はヒト、モノ、カネのどれをとってみても増えることはあまり期待できず、今ある資源を余すことなく活用することが求められます。それには、資源と資源を結びつけたり、意外な組み合わせをつくったりして、相乗効果を活かすしか手がありません。

人と人をつなぎ、みんなの思いをカタチにしていくのがファシリテーターです。それは、「個が輝き、人と人が響き合う」**自律分散協調型**の社会をつくるための要となる働きです。

ファシリテーターは黒子や脇役であるとよく言われます。その通りなのですが、中立性を重んじるあまり、傍観者になったのでは本末転倒です。志を高く持ち、**当事者として果敢に問題に立ち向かうのが本来のファシリテーターの姿です。**

ときには、筋の通らない理不尽な振る舞いに、敢然と立ち向かわないといけません。民主的な話し合いの運営を脅かす力（権力や暴力）には先頭を切って闘わないといけません。その覚悟があって初めて、みんなが安心・安全に話し合える場ができ上がります。

たとえ、自分の持ち場では孤独な戦いであっても、全国には同じ志を持った仲間がたくさんいます。ファシリテーターの国際的なネットワークもあります。より良い人・組織・社会をつくるために、今ほどファシリテーターたちが力を発揮するときはなく、勇気を持って一歩踏み出しましょう。

Column-1◉ペンを持てば会議が変わる！

ファシリテーションを職場でやりたいけど、上司の目もあり、どこから始めてよいのか……。そんな方には、思い切ってホワイトボードの前に立つことをお勧めします。私もここから始めた１人です。

サラリーマン駆け出しの頃、ある重要な会議の書記を頼まれ、パソコンで議事のメモを取っていました。ところが、議論が迷走するばかりで、議事録が書けるかどうか段々不安になってきました。

そこで、「私は頭が悪いもので、今の話を確認させてもらっていいですか？」とホワイトボードに軽く論旨をまとめたのです。すると、解釈の違いが露わになり、ようやく議論が進むように。それがキッカケとなって、ファシリテーターの役割を果たすようになった、というわけです。

日本の組織では、記録を取るというのは一番地位の低い人の仕事です。板書係を買って出れば、反対されることはまずありません。ペンが奪えればこちらのもの。**ファシリテーション・グラフィック**と呼ばれる技法を使って、議論をいかようにも舵取りできます。会議を変えたい人は、勇気を持ってペンを取ってみることをお勧めします。

会議の内容を「見える化」すれば、メンバーの参加意識を高め、全体像を俯瞰して眺められます。共通のメモリーが持てるためブレが少なくなります。言葉だけがむなしく飛び交うだけの“空中戦”を、地に足のついた“地上戦”に変えることができます。

しかも、日本では、「何が正しいか？」ではなく「誰が言ったか？」で物事が決まります。“属人性”が高いため、年長者やリーダーにプラスに働きます。ところが、意見を板書すると、属人性がすべて消し去られ、内容だけになります。声の大きい人の意見も権威ある人の意見も、この場の多くの意見のひとつになり、みんなを対等にできるのです。

ただし、声が大きい人がペンを取ったら逆効果になります。その恐れがあるときは、インクが切れた書けないペンを並べておきましょう！

参考：堀公俊、加藤彰『ファシリテーション・グラフィック』（日本経済新聞出版社）

第 **2** 章

論点を定める
Issue

話し合いを
デザインする

初級編

1-1 議論に必要な3つの要素をそろえる

☞プロセスを決めてからコンテンツに入る

話し合いでよくある失敗は、「何をどう話し合うか？」を決めずに話し始めてしまうことです。

たとえば、ある人が「昨日、ライバルの新商品の噂を耳にしたんだけど……」と情報提供を始めました。すると、ある人が「それなら、我々の新商品の発売を前倒ししようよ」と意見を述べます。そうかと思えば「なんで、いつも先を越されるの？」と不満を述べる人も。なかには「その噂、本当なの？」と情報を疑う人もいます。これではまともな話し合いになりません。

プロセスを決めてからコンテンツに入る。つまり、**何をどう話し合うかを決めてから、どう考えるかを述べる**。これが話し合いの大原則です。

ところが、前章で述べたように、参加者はコンテンツしか頭になく、プロセスも決まっていないのに、コンテンツに先走ってしまいます。研修においても、講師が演習のやり方の説明をしているときに、最後まで聞かずに話し合いを始めてしまう人が続出してしまいます。ちょっとしたことで、すぐにスイッチが入ってしまうのです。

まさに、そういうときのためのファシリテーターです。プロセスを先に決めることを高らかに宣言しましょう。（F：ファシリテーター、M：メンバー）

> F　先に何をどう話し合うかを決めませんか？
> F　最後まで進め方の説明を聞いてから、話し始めてくださいね。

　あらかじめファシリテーターがプロセスを考えておいてその場に諮る（提案
する）のが一般的なやり方です。そうではなく、その場でみんなで相談して決
めるのでも構いません。いずれにせよ、いつもこちらが思う通りの進め方で始
められるとは限らず、臨機応変に考える力をつけておかなければなりません。

☛話し合いのゴールを定める

　ここで言うプロセスは３つの要素からなります。１つ目は**ゴール**（目標）、
すなわち話し合いが目指す到達点です。
　決定を伴う話し合いなら、「何を決めるのか？」です。決めずに検討だけす
る話し合いなら「どこまで話を詰めるか？」です。また、連絡や報告だけで検
討もしない話し合いなら「何を持って帰ってもらうか？」です。ゴールを定め
ないと、どこに向かって走ればよいか分かりません。それによって、走るスピ
ードも大きく変わってきます。

> F　今回は、物流問題の具体的な解決策を３つ出したいと思っています。
> F　今日は、新しい制度の趣旨だけでも理解してお帰りください。

　ところが、一方的にゴールを与えられると、やらされ感が募ります。他人事
になって忘れてしまい「そもそも、今日は何をするんだっけ？」となることも
よくあります。そうならないよう、ここから話し合う手もあります。ゴール決
めに参加させることで納得感を高めようという作戦です。

> F　今日は、何をどこまで決めたらいいですか？
> F　さあ、どこまでやり（詰め）ましょうか？

☛イシュー（論点）を明らかにする

　プロセスの２つ目の要素は論点、すなわち話し合いのテーマです。一般的に

は**イシュー**（課題、争点）と呼び、それを並べたものを**アジェンダ**（議事、討議事項）と呼びます。要は「何について話し合うか？」です。

> F　今日の会議では、具体的な在庫削減のアイデアについて、とことん話し合っていくことにしましょう。
> F　今から１時間、各グループに分かれて、「部下の育成においてもっとも大切なものは何か？」を話し合ってください。

　論点がないと、いろんな意見が出て、収拾がつかなくなります。論点が定まらないと、ゴールに向けての道のりが見えてきません。論点を設定することは、ファシリテーションの土台になります。論点の具体的なつくり方は後で説明をします。ここでは論点を設定する大切さだけ理解しておいてください。

☛土台となるルールを共有する

　もう１つプロセスで大切なのが話し合いのルール（規則、規範）です。土台となる規則という意味で**グラウンドルール**と呼びます。ルールというと堅苦しい印象を受けますので、「お約束事」「守ってほしいこと」「エチケット（マナー）」と言い換える場合が多いです。
　「こんな言動を期待しています」という推奨事項を挙げる場合と、「こんな言動は控えてください」という禁止事項を挙げる場合があります。両方あわせて３〜５カ条くらいにまとめ、行動の指針にしてもらいます。

> F　今日の話し合いは、「肩書を忘れて前向きに発言する」ということでお願いしたいと思います。
> F　「黙っている人は同意とみなす」というルールでよろしいですか？
> F　あと１つルールを決めたいのですが、何か提案はありませんかね？

　これには、話し合いのスムーズな進行の邪魔になる**問題児**（困ったちゃん）を抑止するという効果もあります。発言を独占する、批評ばかりでアイデアを出さない、何も言わずに後で文句を出す……。こういった問題行動が起きるこ

とが分かっていたら、それらを禁止するルールで予防線を張っておきましょう。そうすれば、問題児に対処する際の拠りどころにもなります。

☛プロセスの同意をとって板書しておく

こうやって話し合いのプロセス、すなわち①ゴール、②アジェンダ、③ルールの３つがそろったら、大切なのはメンバー全員の同意をとることです。説明しただけで同意をとらずに進めてしまうと、後で「私はOKした覚えはない」と、ちゃぶ台返しをくらう恐れがあります。

そもそも、話し合いでは、必ずしも自分の思う結論になりません。それでも結論を受け入れるのは、公正・公平な民主的手続きに沿って議論したからです。プロセスの納得感が、コンテンツの納得感を生み出すわけです。

逆に言えば、**プロセスに納得していない人は、決して結論に納得しません。**プロセスに文句をつければ、結論に従うことを拒否すらできます。そうならないよう、プロセスの同意をとっておくことが肝要なのです。

無事に同意がとれたら、ホワイトボードなどを使って、全員から見えるところに書き出して、後でブレないようにします。決まったことは必ず書いてオープンにするというのも、話し合いをうまく運ぶコツです。

図2-1｜ホワイトボードの使い方（例）

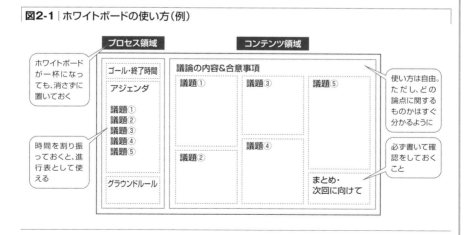

1-2 テーマに合ったアジェンダを定める

☛どこまで行けるかを見極める

　3つの要素の中で、ファシリテーターにとって一番大切で、しかも一番扱いが難しいのが論点です。いきなり上達するのは難しいので、基本の考え方から身につけていきましょう。

　まず、当たり前の話ですが、「できないことはやらない」ことです。議論しても結論が出ない論点は設定すべきではありません。必ず、自分たちがコントロールできることを議論するようにします。

- なぜ、わが社が震災で大変な目に遭ったのか？（偶然）
  →わが社は震災にどう備えればよいか？（行動）
- なぜ、ウチのトップは決断力がないのか？（運命）
  →何をすれば、トップの決断に寄与できるか？（選択）

　さらに、結論を出すことは可能でも、手に余ることはやらないほうがマシです。皆さんは、議論していて時間切れになって結論が出なかった、という経験はないでしょうか。あるいは、話し合いを始めたものの、何となく気まずくて盛り上がらなかった、ということはありませんか。

　話し合いのゴールを設定しても、それに見合うリソース（資源）が十分でないと行きつきません。時間、知識・情報、メンバー、関係性などを考えないと無謀な話し合いになります。結論が出ない会議というのは、そもそも無理を通り越して無茶をやっているケースが多く見受けられます。

　この時間このメンバーでどこまで行けるか。それを見極めるのがファシリテーターの仕事です。残念ながらこれは経験則です。こうすれば確実に見極められるという方法はありません。心配なときはメンバーに尋ねてみましょう。

　F　今から30分で、昨今の不祥事の抜本的対策は出せそうですか？

F　いきなりこのメンバーで「どうやったら元気な職場をつくることができるか?」を議論しても大丈夫ですか?

そうやって、具体的かつ達成可能なテーマを設定しましょう。できれば、集まった資源と見比べて、少し背伸び(ストレッチ)するくらいがちょうど良いレベル。そうすれば、みんなの力を余すことなく引き出せます。

☛アジェンダを「問い」で表現する

勘の良い方はお気づきのように、アジェンダの表現には2通りあります。皆さんはどちらが分かりやすいでしょうか。どちらがやる気になりますか。

A　今から「わが社の問題点」について話し合います。
B　今日のテーマは「何が私たちの会社の問題でしょうか?」です。

おそらくB、すなわち「問い」(質問文)を選ぶ人が多いと思います。話し合いのテーマを決めるということは、問いを発すること(発問)に他なりません。アジェンダを問いで表現する習慣をつけるようにしましょう。

Aだと、問題点の中身を分析するのか、対策を話し合うのか、分かりません。問いで表現すると、話し合う内容が明確になり、的が絞られてきます。

アジェンダを問いに変換してみて、うまい文章が浮かばないのなら、論点が定まっていないのです。多少長くなってもよいので、議論したいテーマがはっきり分かるような問いを書くようにしてください。

しかも、問いはメンバーの興味ややる気を引き出す力を持っています。ちょっと文章を変えるだけで問いの力は高まっていきます。

A　どうやったら会社を立て直せるか?
B　私たちが愛するこの会社を立て直すのにどんな貢献ができるか?

詳しいやり方は後で述べますが、しっくりくるまで問いを練り直すように心掛けましょう。それには書いて眺めたり、口で唱えたりするのが一番です。

1-3 アジェンダを舵取りして保持する

☞一時に議論できるのは1つの論点だけ

せっかくアジェンダを決めても、話し合っているうちに多少なりともズレてきます。人は聴きたいものを聴き、話したいことを話します。頭の中に浮かんだことは、どうしても披露したくなります。そうすると、連想ゲームのように話が広がり、論点とは直接結びつかない話が飛び出します。

それは、必ずしもいけないことではありません。脱線することで思わぬアイデアが出ることもあります。話したいことを話し切るからこそ、まとめようという気持ちになります。ガス抜きというのもあながち悪くありません。

しかしながら、一時にみんなが議論できる論点は1つだけです。いつまでも脱線しっぱなしでは、狙ったゴールにいきつきません。かみ合わない論点で議論しても結論には至りません。

そのため、ここぞというときは、話し合いに割って入らねばなりません。これを**介入**と呼びます。論点のズレを修正するときは、こんなふうにやります。

F　今の話は○○に関してじゃないですか。それは分かったので、△△について意見をいただけると嬉しいです。
F　すみません。いま何の話をされているのでしょうか？ （回答） なるほど○○ですね。できれば、△△の話になりませんかね？
F　その話、どうしても今、しなければなりませんか？ 後じゃダメ？

この時にホワイトボードなどに書き留めた論点を指さしながらやると、介入の効果は高まります。

ポイントは、相手が話をしている論点を「その話ではありません」「論点がズレています」とストレートに否定しないことです。一度は受け止め、保留にしておいてから、本来の論点を伝えるようにします。そうしないと、ムキになったり、「分かっているよ」と言いながら、また同じ話を始めかねません。

☛勇気を持って割って入ろう

どこで介入するか、発言を切るタイミングも重要です。慣れないと、「そのうち適切な論点に戻るだろう」と思って、なかなか踏み込めません。結局、ズレた話を長々と聞かされた上に本人も論点を見失い、「で、何の話だっけ？」となるのがオチ。一度くらいは最後まで聞くのも悪くないですが、毎度それではファシリテーターがいる意味がありません。

コツは、ズバリ早目に切ることです。「あれ？」「おや？」と怪しいと感じた時点で、すかさず確認しましょう。そのほうが、相手も矛を収めやすくなります。長々と話した後で「ズレています」と指摘されると、「だったら早く言えよ」とプライドが傷つきます。分かっていて放置しておくほうがよほど失礼です。

> F 今△△について議論しているのですが、その点、大丈夫ですよね？
> F ○○の話ですよね。先に△△の話からお願いできませんか？

脱線が多いようなら、発言する前に釘をさしておくのも手です。発言を許可するときに、「では、山田さん。○○についてご意見をいただけますか？」とさりげなく論点を伝えるようにします。

そうやっていろいろ介入したにもかかわらず、最後まで論点からズレた意見で終わってしまうときもあります。そういうときは、

> F ありがとうございました。いま話していることとは少し違う話なので、ここにメモしておきます。この点はまた後で議論しましょう。

とホワイトボードに書いて保留にしておきます。これを**パーキングロット**（駐車場）と呼びます。論点からズレた意見を処理する格好の方法です。

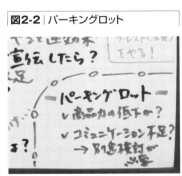

図2-2｜パーキングロット

☛錯綜する論点を整理する

かたや、複数の人が異なる論点で議論することがあります。自分に都合のよい論点を設定するために起こる現象です。1つに絞らないと話が進みません。

> F　さっきからAさんは○○の話を、Bさんは△△についておっしゃっています。どちらかにして、1つずつ順番に片づけていきませんか？

ときには、参加者全員がてんでバラバラの論点で意見を出すときもあります。まさに百家争鳴です。最初に設定した論点が曖昧だったためか、よほど腹の中に言いたいことがたまっていたか。こういうときこそ、「プロセスを決めてからコンテンツへ」の原則に戻りましょう。

> F　すみません。いま皆さんは何の話をされているのでしょうか？　一度、整理をして、論点を決めてから話しませんか？

ときには、参加者自身に論点を決めてもらうのも良い方法です。プロセスを考えることで、参加意識が高まり、ズレが少なくなるからです。

> F　今ここで、何を話し合ったら、議論が前に進むと思いますか？

摩擦を嫌う私たち日本人は、どんなにズレた発言でも、相手を慮ってありがたく拝聴してしまいます。目上の人の発言であれば、なおさらです。そんな暴走を止めるためにファシリテーターがいるのであり、役割として淡々と修正すればよいのです。

一方、日本以外の多くの国では、「意見を言わないのは無能な証拠」とばかり、論点をさほど気にせず、どんどん発言をします。そんな人たちに気遣いは無用。ガンガン論点を修正しても、相手が気を悪くすることはまずありません。

いずれにせよ、論点のズレは話し合いがうまく進まない大きな原因のひとつです。相手に配慮しながらも、気後れすることなくズレを正していきましょう。

Exercise-1◉論点を把握する力を高めよう!

論点のズレを修正するためには、みんなが何に関して話をしているのか、論点を把握する力がいります。何を言っているかではなくて、何について述べているか、テーマをつかむ力です。

例題を出します。両者はどんな論点で議論しているでしょうか。

A　研修費を増やしたからといって、すぐに業績が上がらないだろう。

B　でも、長い目で見たら必ず業績に効いてくるからやるんだよ。

A　研修に出ている間、業務が滞ってしまうじゃないか。

B　そうだけど、最近の研修はチームづくりを兼ねているので、職場の活性化につながるんだよ。

A　結局、研修に出るのは暇な奴だけ。そんなのに金を払うのかい。

B　たとえ、そんな人でも、やる気がアップしたらいいじゃないか。

A　リーダークラスの人に本当に役立つものなら悪くはないけどね。

B　だろ、だから研修費を積み増ししようよ。

【解説】そもそも、2人が話し合いたかったのは、「研修費を積み増すかどうか?」です。ところが、Aさんは「デメリットは何か?」について意見を述べ、Bさんは「メリットは何か?」を主張していました。その点では、2人の論点はかみ合っておらず、片方ずつ出し合った後で、最初の論点に戻って議論すべきでしょう。

また、後半では「どんな人に研修を受けさせるべきか?」という論点でも議論がなされています。これは、そもそもの論点を考える上での前提条件として話し合われています。

このように、1つの話し合いの中でいろんな論点が飛び交います。それをとらえることがプロセスを考える材料となります。暇な会議があったら、こんなふうに論点を見つける練習に使ってみてはいかがでしょうか。

2 議論の流れを デザインする

中級編

2-1 各々が完結した独立型のアジェンダ

☛各アジェンダのゴールを振り分ける

1つの会議で議論のテーマが1つとは限りません。たとえば、組織内で定期的にやる会議（定例会、月次会議、マンデーミーティングなど）では、大きい話から小さな話まで、こなしきれないほど議題が並ぶことが珍しくありません。アジェンダと聞くと、この様を思い浮かべる人も多いと思います。

こんなふうに自己完結したテーマが複数並んでいる、**独立型のアジェンダ**の会議では、議論する前のアジェンダの整理が重要です。

まずは、1つひとつのアジェンダのゴールを確認しましょう。というのは、多くの場合、目的や性格が違うアジェンダが混じって並んでいるからです。

それを1つずつ吟味して、決定、採決、検討、意見収集、連絡、報告などに割り振っていきます。そうすることで、個々のアジェンダのゴールが一目で分かるようになります。

できれば、リストにして事前に配っておくと、効率的に話し合いが始められます。少なくともホワイトボードにすべてのアジェンダを書いておきましょう。

☛アジェンダに優先順位をつけておく

振り分けができたら、"会議"のゴールとプロセスを決めます。ゴールとは、これらを全部やるのか、やれるだけやるのか。手持ちの時間と各議題の難易度

を照らし合わせて、こなす議題の数を決めることです。可能であれば○個、最低でも○個といった幅を持たせた決め方でも構いません。

　その上で、どんな順番で議題をこなしていくか、優先順位をつけていきます。重要なものから、緊急なものから、時間がかかるものからなど、いろんな進め方があります。どれを選ぶかは、チームの状況やアジェンダによって変わります。

F　たくさんありますが、今日はどれくらいこなせそうですかね？
F　この中で、今日絶対やっつけないといけないのは、どれですか？
F　どういう順番でやっていきましょうか？　重要なものから？　それとも急ぐものから？

　少なくとも、並べられた順に頭からやる、というのは愚の骨頂です。最初のうちは熱心に議論するものの、段々いい加減になってくるからです（それを逆手にとる手もありますが）。検討すべき議題がやれなくなっては意味がありません。

　時々「すぐに片づくものからやろう」と言い出す人がいます。これもあまり感心しません。そのつもりが、案外時間を取られてしまい、結局、押せ押せになってしまうからです。重い議題は後に回して、とりあえずは議題の数を減らそう、という気持ちは分かります。しかしながら、そのツケは必ず後になって返ってきます。

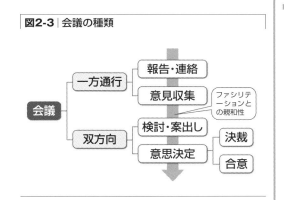

図2-3｜会議の種類

2-2 段階的に議論する直列型のアジェンダ

☛アジェンダをステップ式に並べる

　10分程度で決着がつく小粒の話ならまだしも、「中期的な経営戦略を考える」といった大きな課題となると、議論の組み立てが重要となってきます。

　こういった話は、いろんな角度から検討する必要があり、時間も労力もかかります。集まったメンバーの前提をすり合わせながら、1つひとつ議論を積み重ねていって、ようやく結論に至ります。

　「中期的な経営戦略は？」といったアバウトなアジェンダ1つだけでは議論が保ちません。たとえば、こんなふうにステップを追って進めていかないと、話が深まっていきません。

　①私たちを取り巻く状況はどうなっているのか？（環境）
　②わが社の戦略を考える基軸をどこに置くか？（方針）
　③どんな戦略のオプションが考えられるか？（選択肢）
　④わが社はどの戦略を採るべきなのか？（決定）

　これらの論点は、この順番で話し合ってこそ意味があります。1つの論点での結論が次の論点を考える上での前提や材料になっているからです。こういったステップ式に論点を並べたものを**直列型のアジェンダ**と呼ぶことにします。

　直列型のアジェンダを毎回イチから考えるのは大変です。話し合いの流れにはいくつかの基本パターンがあり、テーマに応じてアレンジして使うのが得策です。ここではビジネスに限らず会議全般に使える、代表的な6つのパターンを紹介します。

パターン1 損得を考える
　会議でもっとも多い流れは、ゼロベースで議論するのではなく、誰かが提案を説明して、それをみんなで叩いた上で同意をとりつける、というものです。

これを**同意形成型**の会議と呼び、次のような流れが一般的です。

ちなみに、同意とは、誰かの意見に賛同することであり、合意とはみんなで話し合って意見の一致を見ることです。

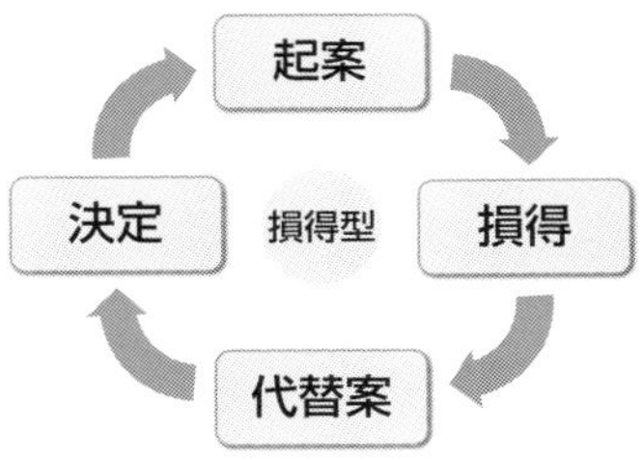

①どんな提案なのか？

まずは起案者が審議してほしい提案内容を説明します。それに対して内容や意図を確認するための話し合いをします。

図2-4 | 損得を考える

②それについてどう考えるか？

その提案をどのように評価するか、採用した場合の損得を議論します。この時に、メリット・デメリットのような、並列型のアジェンダ（後述）を組み合わせると、合理的に話し合いができます。

③どのような代替案が考えられるか？

同じ目的を達成するためのもっと良い方法がないか、デメリットを打ち消すための方策が考えられないか、提案をブラッシュアップしていきます。

④提案に同意するか（拒絶するか）？

最終的に提案の扱いを議論します。原案を可決、修正の上可決、条件つき可決、代替案を採用、修正の上再提案、部分的に採用、不採用などがあります（→P152参照）。

パターン2 因果関係を考える

みんながイチから議論する**合意形成型**こそアジェンダづくりの真骨頂です。まず覚えてほしいのが、日常の問題解決のための話し合いです。ポイントは、真の原因を洗い出して抜本的な対策を考えるところにあります。そうすれば、付け焼刃の対症療法にならずにすみます。

①何が問題なのか？

事実を把握した上で、目指す姿と見比べて、何が問題かを特定して共有します。参加者の間で問題意識やレベル感がズレないように気をつけます。

②その原因は何なのか？

その問題が引き起こされる理由を洗い出し、因果関係を調べて、根本的な原因を探し出します。ただし、やるのはあくまでも原因追究であって、責任追及にならないように気をつけましょう。

図2-5｜因果関係を考える

③どのような解決策が考えられるか？

見つかった原因に対処するために、考えうる限りの解決アイデアを出し合います。いわゆるブレーンストーミングで、柔軟な発想が求められます。

④ベストな方策はどれか？

そうやって出てきたアイデアの中で、最善の策を選びます。選ぶ基準としては、費用対効果やNUF（新規性：New、有用性：Useful、実現性：Feasible）などがあります。

パターン3 時間軸で考える

物事を時間の流れでとらえるのは、私たちが普段やっている自然な考え方です。ビジョンや戦略の立案など、長期的な視点で問題を考えるときに役に立ちます。普通は、過去から未来へと考えますが（フォアキャスティング）、未来を考えてから今に戻る場合もあります（バックキャスティング）。

①過去にどんなことが起こったか？

過去に起こったことを洗い出し、特徴的な出来事、トピック同士の関連、繰り返されているパターンやトレンドなどを探していきます。

図2-6｜時間軸で考える

②今どんなことが起こっているか？

自分たちを取り巻く環境でどんなことが起こっているのか。あるいは、自分たちの今がどうなっているのか。内部・外部の環境を分析する話し合いをします。

③未来をどうしたいのか？

それらを元にして、どんな未来を目指すのか、ビジョン、目標、理想の未来像などを議論していきます。

④私たちにできることは何か？

描いた未来を実現するための実行計画（アクションプラン）や組織体制などを話し合って、実現に向けての具体策へと落とし込みます。

パターン4 合理的な選択を考える

図2-7│合理的な選択を考える

調達先の選定、進出地域の選択、処遇の決定といった、「たくさんある候補から１つを選ぶ」という議論は案外多いものです。進学、就職、結婚、マイホーム購入といった人生の大きな決断もこのタイプです。後悔しないよう、合理的な選択を心がけるようにしましょう。

①何のためにそれをするのか？

目的（そもそも論）はもっとも重要な論点です。狙いや目的が定まらないと選びようがありません。関係者間でズレていると意見がまとまりません。ここで目的をできるだけ絞っておけば、後の選択が楽になります。

②何を満たさないといけないのか？

いわゆる必要条件の洗い出しです。全部を満たす選択肢は見つけにくいので、ヌケモレなく出した上で、条件に優先順位をつけておきます。

③どのような選択肢が考えられるか？

可能性のある選択肢を挙げていきます。ここでは個々のアイデアは評価せずに、挙げることに注力します。アイデアを出すステージと評価するステージを分けるというのは、話し合いの基本のひとつです。

④どの選択がベストか？

選択肢を目的と条件に照らし合わせて、最良のものを選びます。選びにくい場合は、目的、条件、選択肢を再検討して、もう一度やり直すことになります。

パターン5 対立を考える

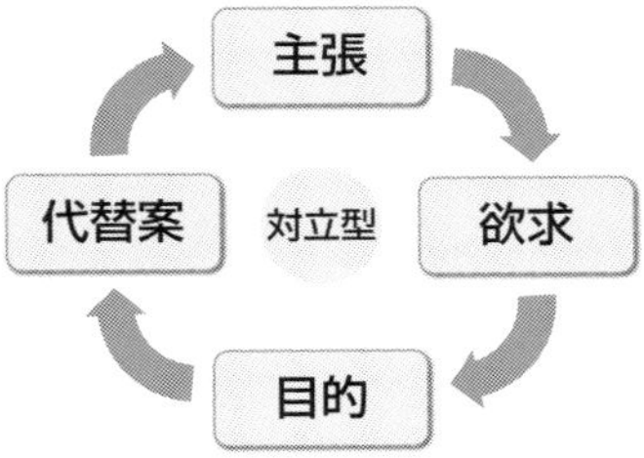

話し合いで頭が痛いのは意見の対立です。どちらが正しいか、合理性だけで決着をつけようとしてもうまくいきません。双方の主張を理解し合い、目的を共有してこそ、折り合いをつけようという気持ちになります。典型的な進め方を1つ紹介します。

図2-8 | 対立を考える

①両者の言い分は何なのか？

言い分（メッセージ）を出し尽くさないと、歩み寄りの機運は生まれません。しっかりやらないと不完全燃焼を起こして、まとまる話もまとまりません。

②本当は何を目指しているのか？

出し合うだけでは議論は前に進まず、主張の裏にある本当の欲求（ニーズ）を探していきます。主張が食い違っていても、ニーズなら理解できるはず。人が抱くニーズに大きな違いはなく、ある意味で理にかなっているからです。

③両者が一致する目的は何か？

話し合いをしている以上、必ず目的や関心事（イシュー）はどこかで一致しています。それぞれのニーズのさらに上位の目的をさかのぼっていけば、いつかは同じになるはずです。

④どんな代替案が考えられるか？

共有した目的を達成する手段（オプション）を柔軟に考えます。ここで大切なのは「○○しかない」「○○に決まっている」という思い込みを打ち破ることです。そうすれば、折り合いのつく解決策が必ず見つかります。

パターン6 学習を考える

目標管理、進捗のレビュー、期末面談など、ここまでを振り返り、次に向けて議論する場がよくあります。成果（できた／できない）だけチェックして反省をさせて終わり、ではまた同じ過ちをしてしまいます。経験を学習に結びつける話し合いにしていかないと、仕事が改善していかず、人も組織も成長していきません。

①そもそも何を目指していたのか？

まずは、本来の目的や目指していた目標
を確認します。これらを見誤ってしまうと、
振り返りがあらぬ方向に進みます。現実と
理想のギャップを知るためにも大切なステ
ップです。

図2-9｜学習を考える

②どんなことが起こったのか？

いきなり原因を探したり、解決策を考え
たのでは、上っ面をなぜただけのような浅
い教訓しか得られません。まずは、判断や評価を保留して、いったい何が起こ
ったのか、事実を見極めるようにします。

③どうしてそうなったのか？

集まった事実を手がかりにして、「なぜ、そうなってしまったのか？」原因
やメカニズムをひも解いていきます。ここでは個々の行為の良し悪しを評価し
たり、責任追及はしないように。

④次にどうすればよいのか？

分析から導かれた知見を、「○○のときは○○すべき」といったように一般
的な表現にして、次の実践に向けての教訓とします。

ここでは、覚えやすいよう、すべて4ステップで統一して説明しましたが、
必ずしも4つでなければならないわけではありません。

あるステップをさらに細かく刻んだり、2つのステップを合わせて議論する
のも結構。パターン同士をつなぎ合わせたり、どれかのパターンに他のパター
ンのアジェンダを入れ込んだりもできます。これらを元に臨機応変にアジェン
ダを組んでみましょう。

なお、これらの多くは後述する問題解決技法が元になっています。詳しくは
本章の3-1で解説します。

2-3　多面的に検討する並列型のアジェンダ

☛ホワイトボードを論点で分割する

　論点を並べるときの３つ目のやり方が、**並列型のアジェンダ**です。たとえば、ビジネスを取り巻く環境の変化を議論しているとしましょう。「どんな環境変化が予想されるのか？」と論点を設定してもよいのですが、少し漠然としています。そんなときは、論点を細かく設定し直すと話しやすくなります。

　　①どんな"政治的"な変化が考えられますか？
　　②どんな"経済的"な変化が予想されますか？
　　③どんな"社会的"な変化があるでしょうか？
　　④どんな"技術的"な変化が期待できますか？

　環境分析のフレームワークとしてお馴染みのP̂ÊŜT̂（後述）です。それを論点の設定に応用したわけです。

　先ほどと違い、４つの論点はこの順番で議論する必要はありません。重要度に差はあるかもしれませんが、どこからやっても変わりありません。互いに対等なので並列型と呼ぶことにします。

　このときに、ホワイトボードなどを４つに分割して、それぞれに意見やアイデアを記録していくと話しやすくなります。これを「フレームを切る」と言います。あまり細かくすると分かりにくいので、２～４つくらいに切るのが使いやすいサイズです。

［パターン1］ ２つの視点で議論する

　並列型のアジェンダで、一番シンプルでパワフルなのは、２つの視点で議論することです。長所・短所といったように物事を相反する２つに分けるのです。

　日本語（漢字）というのは便利な言語です。「長短」「強弱」といったように、相反する２つの言葉を組み合わせた熟語がたくさんあります。

大小、長短、男女、老若、高低、上下、有無、明暗、今昔、夢現、美醜、黒白、新旧、生死、貧富、賞罰、濃淡、損得、善悪、真偽、好悪、因果、損益、賢愚、広狭、公私、苦楽、遠近、功罪、需給、進退、内外、言行、相違、異同、早遅、自他、質量、強弱、縦横、主客、首尾、攻守、動静、前後、硬軟、単複…

　たとえば、発売したばかりの期待の新製品に、クレームが舞い込むようになりました。すぐに設計ミスの手直しをして、大ごとにならずにすんだものの、黙っていてよいものか。関係者が集まり、事実を公表すべきかどうか議論したところ、いろんな意見が飛び出してなかなか合意に至りません。

　そういう時は、散発的に意見を出し合っていてもラチがあきません。ホワイトボードの真ん中に線を引き、「メリット」（得は何か？）と「デメリット（損は何か？）に分けて、思いつくものをすべて出していきます。その上で、損得を見比べて判断するのが合理的な決め方です。

パターン2 3つの視点で議論する

　物事を3つに分ける熟語は、数は減るものの、次のようなものがあります。

衣食住、心技体、人物金、大中小、朝昼晩、陸海空、親子孫、和洋中、守破離、知情意、天地人、報連相、市町村、優良可、走攻守、序破急…

この他に、ビジネス向けに考え出された3つの切り口がたくさんあります。

- 3C（顧客：Customer、競合：Competitor、自社：Company）
- QCD（品質：Quality、コスト：Cost、納期：Delivery）
- 3M（ヒト：Man、モノ：Machine、カネ：Money）
- 3M（ムリ：Muri、ムダ：Muda、ムラ：Mura）
- MVV（使命：Mission、将来像：Vision、行動規範：Value）

　なかには完全に並列ではなく、1つ目と2つ目を並列に出した後、3つ目を直列型で議論する、混合型になっているものもあります。

- 正反合（肯定する、否定する、統合する）
- As is ／ To be ／ Action（今のまま、目指す姿、今後の行動）
- KPT（Keep：うまくいった、Problem：いかなかった、Try：新しくやる）

パターン3 4つの視点で議論する

　4つの視点でよくやるのは、老若男女（年齢×性別）のように、2つの視点を掛け算で組み合わせることです。いわゆるマトリクスを使って4象限に分割するやり方です。

　たとえば、業務の効率化を議論するとしましょう。そのためにホワイトボードに重要度（大小）×緊急度（大小）の2軸を立て、4象限に分けます。まずは、「重要で緊急な仕事は何か？」といったように、1象限ずつ該当する業務を洗い出して板書していきます。こうすれば、業務がどこに偏っているか、どの業務を増減すればよいかが見えてきます。

　この他にも、投資（大小）×効果（大小）、やる気（大小）×能力（大小）、ニーズ（大小）×シーズ（大小）など、いろんな組み合わせができます。

　また、ビジネスを考えるための4つの視点としては、以下のものがあります。4つが並列なものと、4象限に分けるものが混じっています。

- SWOT（強み：Strengths、弱み：Weaknesses、機会：Opportunities、脅威：Threats）
- 4P（商品：Product、価格：Price、流通：Place、販促：Promotion）
- PEST（政治：Politics、経済：Economics、社会：Society、技術：Technology）
- PDCA（計画：Plan、実行：Do、検証：Check、改善：Action）
- VRIO（経済価値：Value、希少性：Rarity、模倣困難性：Inimitability、組織：Organization）

　ここで紹介した視点の中で、ビジネス特有の切り口を**ビジネス・フレームワーク**と呼びます。たくさん覚えておくと、論点がつくりやすくなります。

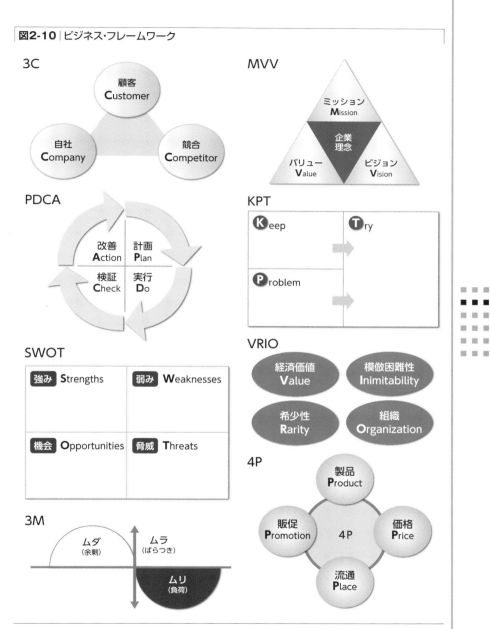

図2-10 | ビジネス・フレームワーク

3C

顧客
Customer

自社
Company

競合
Competitor

MVV

ミッション
Mission

企業
理念

バリュー
Value

ビジョン
Vision

PDCA

改善
Action

計画
Plan

検証
Check

実行
Do

KPT

Keep

Try

Problem

SWOT

強み **S**trengths	弱み **W**eaknesses
機会 **O**pportunities	脅威 **T**hreats

VRIO

経済価値
Value

模倣困難性
Inimitability

希少性
Rarity

組織
Organization

3M

ムダ
（余剰）

ムラ
（ばらつき）

ムリ
（負荷）

4P

製品
Product

販促
Promotion

4P

価格
Price

流通
Place

出所：堀 公俊『ビジネス・フレームワーク』（日本経済新聞出版社）

3 問題解決を デザインする

上級編

3-1 7つのアプローチを使い分ける

☛会議は問題解決のためにある

話し合いの大きな目的の1つは問題解決です。

人間は誰しも欲求（○○したい）、目標（もっと○○でありたい）、希望（○○だったらいいな）を持っています。それらを実現しようと思った途端に問題が立ち現れます。

自分1人で解決できるなら、わざわざ議論する必要はありません。多くの問題は、たくさんの人が関わり、いろんな人の智恵を集めないと解決できません。そのためにこそ話し合いがあります。

話し合いの進め方を設計することは、問題解決活動をデザインすることに他なりません。問題解決のやり方を学ぶことが、話し合いの論点づくりに役立ちます。

問題解決については、さまざまなやり方が提案されています。大別すると7つのアプローチに整理できます。

やり方の違いは、**「なぜ問題が解決できないのか？」という問いに対する答えの違いから生まれています。**それらを簡単に紹介していきますので、アジェンダづくりをレベルアップするために活用してみてください。

メソッド1 真の原因を見つけ出す　〜ギャップ・アプローチ

　問題とは、理想（目標）と現実のギャップです。それを埋める行為を問題解決と呼びます。ギャップがあるのには、なんらかの理由があります。問題が解決しないのは、原因が見つからなかったり、取り除けなかったりするからです。そう考えて、問題の原因や本質を分析して、もっとも有効な対策を考えるのが**ギャップ・アプローチ**です。前節のパターン2の元になる考え方です。

　ギャップ・アプローチの特長は、合理的に議論できて、本質的な解決策が見つかりやすいことです。半面、複雑な要因が絡む問題では力不足であり、やる気や感情が絡む問題はあまり向きません。

　①問題とは何か？（現状はどうなっているのか？　目標はどこか？）
　②その原因は何か？（何が問題を生み出しているのか？）
　③どんな解決策が考えられるか？（どんな代替案やアイデアがあるか？）
　④最良の選択肢はどれか？（選択肢を選ぶ基準は何か？）

メソッド2 斬新なアイデアをひねり出す　〜創造的アプローチ

　いくら問題が緻密に分析できていても、解決策のアイデアが出なければ何の成果も生み出しません。逆に言えば、誰かが目の覚めるようなアイデアを一発出せば、たちどころに問題が解決してしまいます。

　つまり、問題がなぜ解決しないのかといえば、アイデアが思いつかないからです。そう考えて、優秀なアイデアを効率的にひねり出すのが**創造的アプローチ**です。商品開発、戦略立案、業務改善のようなアイデアの質が求められる分野で役に立ちます。半面、直観的な"ひらめき"が求められるため、方法論に落としにくいのが難点です。よくある進め方を1つ紹介します。

　①何が本当に求められているのか？（本質的なニーズは何か？）
　②どのようなやり方で実現できるか？（ニーズを満たすアイデアは？）
　③さらにブラッシュアップできないか？（発展、結合、改善できないか？）
　④その考えは本当に成り立つのか？（どうやって仮説を検証するか？）

メソッド3 最適な選択肢を選び取る ～合理的決定アプローチ

いくら問題の分析がそつなくできても、どれほど素晴らしいアイデアを考え出しても、最後の決定や選択がまずいと、水泡に帰してしまいます。問題が解決しないのは、適切な決定をしていないからとも考えられます。

そうならないよう、いろんな角度から問題やアイデアを徹底的に吟味して、最良の判断をしていく。それが**合理的決定アプローチ**です。いつも貧乏くじを引いてしまう方、安易な選択をして後悔ばかりしている方、何度も同じ失敗を繰り返す方などにお勧めのアプローチです。他のアプローチと組み合わせて使うこともできます。

①どんな選択肢が考えられるか？（どうやって解決できるか？）
②どんな基準で評価すればよいか？（私たちにとって何が大切か？）
③どれがベストな選択肢か？（もっとも合理的な選択はどれか？）
④懸念点にどのような手当てをするか？（リスク回避策は何？）

メソッド4 目標の達成に歩を進める ～ポジティブ・アプローチ

たとえば「痩せるためには何をすればよいか？」は小学生でも知っています。ところが、解決策を実行するのは生身の人間です。いくら明快な解決策があっても、誰も何もやらなければ何の成果にも結びつきません。

つまり、なぜ問題が解決しないかといえば、実行しないからです。だったら、「やるべきこと」「やらねばならないこと」ではなく、「やりたいこと」「やれること」を着実に進めたほうがはるかに得。そう考えて、原因をなくすのではなく、目的の達成を一番に考えるのが**ポジティブ・アプローチ**です。特に、人の意欲や行動が問題になっているときに効果的です。

①何を目指すのか？（達成すればどんな良いことがあるか？）
②どんな資源があるのか？（過去にうまくいった事例はないか？）
③さらにどんなことができるか？（何をすれば少しでも目標に近づくか？）
④その中で何をやりたいか？（何だったら今すぐにできるか？）

メソッド5 ジレンマから抜け出す ～対立解消アプローチ

　上司と部下、営業部と経理部、本社と子会社、クライアントとサプライヤーといったように、現実に直面する問題は、利害関係者の対立の形を取ることがよくあります。いわゆる「あちらを立てれば、こちらが立たず」です。そういったジレンマや悪循環こそが問題であると考えることができます。

　であれば、両者が折り合うウィン・ウィンの策を考えることが問題解決につながります。それが**対立解消アプローチ**です。上手にいけば、暗礁に乗り上げた問題を、納得感を持って解決できます。半面、下手をすると単なる妥協や痛み分けに終わってしまい、また同じ問題が再燃する恐れがあります。

　①両者がやりたいことは何か？（それぞれの言い分は何か？）
　②本当は何を目指しているのか？（本当のニーズは何か？）
　③両者が一致する目的は何か？（みんなで目指すものは何なのか？）
　④どんな代替案が考えられるか？（どんな案だったら折り合いがつくか？）

メソッド6 問題のとらえ方を換える ～認知転換アプローチ

　そもそも、「問題は何か？」を見誤っていたり、関係者の間で食い違っていたのでは問題は解決できません。闇雲に解決策を考えるのではなく、本当に解決すべき問題は何かを考え、問題の定義を変えることで解決できるようにしよう。そう考えるのが**認知転換アプローチ**です。

　たとえば、ある問題で悩んでいるのは、「○○でなければならない」という前提（固定観念）があるからです。それを少し緩めれば、問題は解決できなくても悩みは解消できます。問題が問題ではなく、自分の受け止め方（認知）に問題があると考えるわけです。

　①何が問題だと思っているのか？（どんな出来事に悩んでいるのか？）
　②それはどんな前提から生まれてくるのか？（どんな思い込みがあるか？）
　③その前提は合理的なものか？（現実をどうとらえるのが適切なのか？）
　④何が健全な対処法なのか？（望ましい考え方や行動は何か？）

日本の赤字国債を減らすには、歳入を増やして歳出をカットすればよいだけの話。にもかかわらず、なかなか実行されないのは、関係者の間で意見がひとつにまとまらず、具体的なアクションに結びつかないからです。

つまり、なぜ問題が解決しないかといえば、関係者間で合意ができないからです。困難な問題の解決に向けて一歩踏み出せるように、納得のある解決策を全員参加でつくろう。それが**ホールシステム・アプローチ**です。

特徴は、利害関係者が一堂に会して話し合うところにあります。解決策の質もさることながら、全員で合意することが大切な場面で役に立ちます。

それだけに、時間がかかるのが難点で、何日もかけて話し合うことも珍しくありません。いろんな手法が提案されており、代表的なものを1つ挙げておきます。

①私たちの強みや大切にしたいことは何か？（私たちの価値は何か？）
②それを集めるとどんな未来が拓けるか？（理想の未来はどんなものか？）
③いつまでに何をどこまで目指すのか？（目指す目標は何か？）
④そのために何に取り組んでいくか？（実現に向けて何をするのか？）

☛問題の種類に応じてアプローチを変える

7つもあると、自分たちが抱える問題にどのアプローチを使えばよいか、分からなくなります。そんな方のために、おおよその使い分けの目安をお話ししておきます。

教育学者R.ハイフェッツは、世の中の問題は大きく2つに分けられると述べています（R.ハイフェッツ他『最前線のリーダーシップ』）。

1つは**技術的な問題**です。解き方がおおよそ分かっていて、そのために必要な技術を身につければ解決できる問題を指します。「やり方の問題」と言ったほうが分かりやすいかもしれません。

たとえば、業務効率をいかにアップさせるか、製品をいかにコストダウンするかなどは、技術的な問題の典型です。だからといって、簡単に解けるわけで

はなく、困難を伴う場合も少なくありません。しかしながら、新たな技術（スキル）を身につけさえすれば解決できることが分かっています。7つのアプローチでいえば、メソッド1〜3が適しています。

ところが、今の思考様式をそのままにして、技術だけを身につけても解決できない問題があります。**適応的な問題**と呼びます。平たく言えば、「考え方の問題」です。

一例を挙げれば、「行き詰まった組織をどう変革していくか？」「どうやったら地方が活性化するか？」は適応的な問題です。従来の延長線上で考えたのでは良い答えが出ません。新しい考え方を身につけ、それに基づいて行動を修正しないと本当の解決に至りません。今度はメソッド4〜6が適しています（メソッド7はどちらにも使えます）。

技術的な問題を適応的なアプローチで解決できないことはありませんが、効率が悪くなってしまいます。反対に、適応的な問題を技術的なアプローチを用いて解決しようとしても、思うような答えが得られません。

まずは、現在抱えている問題がどちらのタイプなのかを見極め、その上で問題にふさわしいアプローチを探すようにしましょう。もちろん、両者を組み合わせて使うというのも、ひとつの方法です。

図2-11 | 問題解決の7つのアプローチ

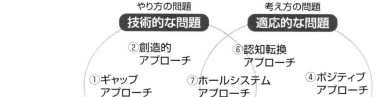

出所：堀 公俊『問題解決フレームワーク大全』（日本経済新聞出版社）

3-2 論点をめぐる闘いを舵取りする

☛答えの出る問いを立てる

ここまでいろんな論点の例を挙げてきましたが、大きく分けると、次の４つの種類にまとめられます。

①記述的な論点　：事実・原理をめぐる議論　「何が真で、何が偽りか？」
②功利的な論点　：効果・利益をめぐる議論　「何が得で、何が損か？」
③規範的な論点　：価値・信条をめぐる議論　「何が善で、何が悪なのか？」
④感情的な論点　：知覚・感情をめぐる議論　「何が好きで、何が嫌いか？」

ビジネスの話し合いの中心は、②功利的な論点です。その前提として、①記述的な論点で議論する必要があります。最終的に行動を決定する際には、③規範的な論点や④感情的な論点も絡んできます。

見方を変えれば、②功利的な論点で議論が決着しないときは、①③④に論点を切り替えると、膠着状態が打開できます。

たとえば、２つの案があって「どちらが儲かるか？」で意見の一致が難しいときは、「どちらがわが社の理念に合うか？」で判断するようにします（③）。あるいは、「どちらをやりたいと思うか？」で決着をつける手もあります（④）。

議論が行き詰まったら、論点の種類を変えて打開を図ってみる。ぜひ覚えてほしいテクニックです。折り合いがつかないテーマで議論しても、答えは出ません。答えの出るテーマを探すようにしましょう。

☛思考タイプの違いが進め方の違いを生む

議論の進め方に唯一絶対に正しいものはありません。そのため、議論をどう進めるかで意見が割れることがよくあります。大元には、それぞれが持つ思考のクセの違いがあり、みんなで話し合って決めるしかありません。

少なくともファシリテーターは、どのやり方でもいけるようになっておく必

要があります。よくある、アジェンダをめぐる３つの対立軸を列挙しておきます。

１）抽象思考vs具体思考（演繹的思考vs帰納的思考）

　前提、目的、定義、要件、制約条件といった抽象的な話（観念レベル）から演繹的に詰めていくやり方があります。かたや、事実、出来事、問題、悩みなどの具体的な話（実体レベル）から帰納的に積み上げていくこともできます。

　言い換えると、「そもそも」から話し合うのか、「とりあえず」からやるのかで、進め方に対立が生まれてしまうわけです。前者は欧米人や理系の人に多く、後者は日本人や文系の人に多いです。

２）原因論vs目的論（過去志向vs未来志向）

　「なぜ」を繰り返して、論理的に物事を詰めていくのが得意な人もいれば、目標に「どうやって」近づくのかを考えて、創造的にアイデアを出すのが得意な人もいます。前者は過去から現在を考え（フォアキャスティング）、後者は未来から現在を考えること（バックキャスティング）になります。

３）最適化原理vs満足化原理（理想論vs現実論）

　あらゆる選択肢を調べて「とことん」最適な答えを追求しようとするか、「そこそこ」満足できる答えが見つかればよしとするかの違いです。言い換えれば、合理性を求めて理想的な決定をしようとするか、合理性に限界があると考えて現実的な選択をせざるをえないと考えるかの違いです。

☛都合のよい論点を持ち出す人がいる

　１つのことを決めるのにも、論点の置き方によって答えが違ってきます。そうすると、自分の望む結論になるように、論点を置こうとする人が出てきてしまいます。特に、利害が対立する話し合いでは、「議論を有利に進めたい」という思惑が露わになります。

　議論の必勝法の１つは、自分に有利な論点で議論する（あるいは自分に不利な論点に乗らない）ことです。それを知っている人は、自分にとって都合のよい論点を参加者やファシリテーターに認めさせようとします。

ところが、議論に慣れていない人は、それがどういう意味を持つのかよく分かりません。まんまと毒杯を飲まされて、気がついたときはもう手遅れに……。つまり、特定の人が望む論点をファシリテーターが安易に認めてしまうと、結果的にその人の肩を持つハメになる恐れがあるのです。

　怪しいと思ったら、どんな展開が予想されるのかを示す、どんなメリットとデメリットがあるのかを解説する、他の論点の提案を募る、ファシリテーターが対案となる論点を出す、といった働きかけが重要となります。

> M　はじめに、○○について話をしませんか？
> F　論点をそこに置くと……といった展開になりますが、皆さんよろしいですか？　他に論点があったらおっしゃってくださいね。
> M　ほら、何も出ないんだから、○○から議論しましょうよ。
> F　たとえば、△△の点から話すという手もあります。その場合には……というメリットがあります。皆さんはどちらが議論しやすいですか？

☛暗黙の前提に気をつけよう

　さらに、もっと微妙な話もあります。たとえば、最近発売した新商品の売れ行きが今ひとつだとします。その原因を探るのに、「なぜ、新商品が思うように売れなかったのか？」と過去形で論点を設定すると、失敗を認めたことになります。敗戦処理を話し合ったり、反省モードになりがちになります。

　それに対して、「なぜ新商品の売上が低迷しているのか？」とすれば、現在の話なのでまだ望みはあります。しかしながら、売上が不振、すなわち期待とはギャップがあることは認めたことになります。

　あるいは、「なぜ、もっと新商品が売れないのか？」とすると、現状に対する判断を加えず、今後に向けて議論ができます。逆に言えば諦めが悪いです。

　このように、**論点には少なからず議論の前提が含まれています**。よく見ておかないと、暗黙のうちに事実やその解釈を認めたことになってしまいます。

　極端に言えば、論点の闘いを制する者が議論を制します。それを十分に理解した上で、できるだけ公平・公正な論点になるように心掛けましょう。

3-3 パワーあふれる問いをつくる

☛参加者の力を引き出す問い

　問いづくりがある程度できるようになったら、さらに磨きをかけていきましょう。たとえば、残業の削減について話し合うとしましょう。どの問いなら話し合ってみようという気になるでしょうか。

　　①残業を減らすにはどんな手を打てばよいのか？
　　②仕事と生活のバランスをとるために何が必要か？
　　③自分らしくイキイキとした働き方を実現するには？

　具体策を出すという意味では、①がもっとも良さそうに見えます。しかしながら、この手の話は既に何度もやっているはずで、あまり魅力を感じません。やっても、いつものありきたりの結論になりそうな気がします。
　②になると、いつもと少し視点が変わり、何か新しいアイデアが出るかもしれません。とはいえ、「要はワークライフバランスのことだろ」となって、よくある答えに行きつきそうな恐れもあります。
　おそらく、多くの人は③が一番ワクワクするのではないかと思います。問題の本質をシャープに突きながらも、みんなの願いが込められています。いろんな角度から検討できそうで、新たなアイデアが生まれそうな予感がします。
　これを**生成的な問い**と呼びます。メンバーの探究心を刺激しつつ、新たな世界が拓ける問いです。特に、対話（ダイアログ）の場で不可欠な問いです。いったい、どうやったらこんなパワーのある問いができるのでしょうか。

☛「え?」「なるほど……」

　1つは、視点の転換を促すことです。たとえば、残業というのは、仕事の問題としてとらえるのが普通です。それに対して、②は生活、すなわち家庭や個人の問題としてとらえています。違った角度から見ると問題を見る目が変わっ

てきます。

　さらに③は、視点をミクロからマクロへとスケールアップして、俯瞰的に問題をとらえています。残業を減らすことの効果や目的そのものを論点にしています。目からウロコのユニークな視点でとらえないと、生成的な問いにならないのです。

　とはいえ、斬新さだけではキワモノになってしまいます。もう１つ大切なのは納得感です。

　③の問いにパワーがあるのは、「なるほど、確かにそう言われたらそうだ。本当に議論すべき話はこれだったんだ」と思わせてくれるからです。筋が通っていて、心の中にあることをズバリ言い当てている。そんな腹落ち感があるからこそ、テーマへの当事者意識が芽生え、やってみようという気になります。

　独創性（え？）がありながらも、納得性（なるほど……）がある。 これが生成的な問いをつくるコツです。

☛新たな発想を刺激する問いを立てよう

　なおかつ、③がよいのは**エッジ**が効いているところです。ワークライフバランスと流行り言葉で言われても、抽象的でイメージが湧いてきません。ところが③の問いだと、楽しく働いている姿や笑顔が目に浮かぶようです。思わず話してみようという気になります。

　具体的で切れ味のよい問いのほうが、参加者のイメージを喚起して、みんなのやる気を引き出してくれます。だからといって、「みんながやりたいことを心の底からやりながら、自分も会社もハッピーになり……」と具体的すぎると、話が膨らんできません。話が細部に入り込む恐れもあります。

　大切なのは明快なイメージを持ちつつも、**多義性**があることです。多義性とは、その問いが、いろんな意味で解釈できることです。それがないと、多様な意見やアイデアが出ず、創造的な答えも期待できません。

図2-12│生成的な問いの条件

☛問いの力を高める5つのポイント

　加えて、テーマやチームの状況に応じてアレンジすれば、問いが持つ力が大きく変わります。次のようなポイントでもう一工夫してみましょう。

1）主語
　主語を省くことが多い日本語では、考える主体が分かりにくくなります。主語をつければ、他人事になるのを防ぎ、問いの力強さが増してきます。

* 私たちはどんな手が打てるのでしょうか？
* あなた自身は何ができるでしょうか？

2）語尾
　問いの最後の言葉を少し変えるだけでニュアンスがかなり違ってきます。Must、Should、Can、Will、Mayといった、英語でいう助動詞の部分です。

* 私たちは何をすべきですか？（しなければなりませんか？）
* 私たちは何をしたいですか？（したいと願いますか？）
* 私たちは何ができますか？（できそうですか？）

3）視点
　いつ、どこで、誰の、どういう観点から見るかで、考える範囲やレベルが変わってきます。考える視点を加えることで議論の焦点が定まります。

* 長期的な視野で……
* 具体的な方法として……
* 技術的な観点から……
* グローバルな視点で……
* 顧客目線で……
* 理想的に考えると……

4）前提
　思考の縛りとなっている前提を壊せば、発想の広がりが大きく変わってきま

す。行き詰まった議論を打開する力があります。

- 仮に、○○○ができるとしたら……　（条件）
- もし、○○○の立場だったとしたら……　（立場）
- 逆に、○○○が正しいとしたら……　（逆転）
- 将来、○○○になったとしたら……　（未来）

5）強調

議論をしていても今一歩踏み込みが足りない。そんなときは、問いの要となるキーワードに強調する言葉を付け足してみましょう。

- 本当に（心から、真から）
- 必ず（どんなときも、完全に）
- 圧倒的な（見違えるほど）
- 大胆な（大きな）
- もっとも（一番）
- たった１つ（唯一の）
- 最高の（最善の）
- わずかな（些細な）

☛ポジティブな問いが、ポジティブな力を生む

　私たちが抱える問題は困難なものが多く、話し合いがどうしてもネガティブになりがちです。何もしないでおくと、「どうしてこうなった？」「何がまずかった？」「誰がいけなかった？」といった後ろ向きの論点になってしまいます。
　それがダメなわけではありませんが、せっかく集まった参加者の智恵とやる気を引き出すには考えものです。同じ話をするのでも、問いを少しポジティブなものに変えるだけで、前向きで力強いムードとなります。

1）誰が（Who）：誰のせいでこうなってしまったのか？

→誰がどのように貢献してくれたのか？
→誰を巻き込めば解決に近づくのか？
→うまくいったとしたら、どのような人の協力か？

2）何を（What）　：問題を引き起こした原因は何なのか？

→うまくいったことは何なのか？

→良い方向に持っていくには何をすればよいか？

→何からやってみたいか？　本当に望むことは何か？

3）どこで（Where）　：いったい、どこでやり方を間違えたのか？

→誰がどのように貢献してくれたのか？

→力を最大限に発揮したのは、いつどこなのか？

→どこから始めればよいのか？

4）いつ（When）　：いつからこんな事態に陥ったのか？

→最高にうまくいったのはいつなのか？

→どんな時に自分の力が発揮できるか？

→いつから新しいアクションを始めるか？

5）どのように（How）　：どんな経緯でこうなってしまったのか？

→どのようにすれば解決に近づくか？

→どのように協力し合えば、実現できるか？

→どのように手助けやサポートができるか？

参考：ダイアナ・ホイットニー他『なぜ、あのリーダーの職場は明るいのか?』(日本経済新聞出版社)

　例で挙げたネガティブな問いが、参加者の口からこぼれることが時々あります。すかさず、「それは、つまり○○でということですね」とポジティブな問いに転換すれば、引きずられずにすみます。

　ポジティブというのは「まあ何とかなるだろう……」と"楽天的"に考えて何もしないことではありません。「自分たちの力で何とかできる」と信じることです。"楽観主義"といったほうが正確かもしれません。

　ファシリテーター自身がポジティブでないと参加者もそうなれず、チームや場の力を信じることが大切です。そうすれば、ポジティブな問いがポジティブな力を引き出してくれます。

Column-2◉議論の前にチームづくりを

　せっかくアジェンダを練り上げて会議に臨んだのに、ちっとも意見が出ないことがあります。多くの場合、安心して意見を出し合える関係性がないからです。チームづくりがうまくいっていないのです。

　経営学者H.サイモンは、チームすなわち組織には3つの要素があると説いています。1つ目は、共通の目的です。たとえば、団体スポーツでは、「勝つ」という目的を全員で分かち合うからこそチームになります。

　2つ目は、貢献意欲です。いくら目的を分かち合っていても、みんなが「チームのために頑張ろう」と思わなかったら烏合の衆です。

　3つ目にコミュニケーションです。互いの意図や行動がうまく調整できなかったら、チームプレーはできません。何らかの方法でコミュニケーションが取れていることは、チームの必要条件の1つとなります。

　人が集まったからといって、すぐに効果的なチームにはなりません。人それぞれ考え方の枠組みや持っている文化が違うからです。混乱や対立があり、それを乗り越えて初めて、チームとして機能するようになります。

　B.タックマンが提唱した、チームがチームとして機能するまでのプロセスがあります。①形成期（Forming）、②混乱期（Storming）、③統一期（Norming）、④機能期（Performing）の4ステップです。このプロセスを加速するために、意図的・能動的・積極的にチームをつくっていく活動。それが**チーム・ビルディング**です。

　具体的な活動としては大きく4つに分けられます。ビジョンやルールといった活動の枠組みを共有する、メンバーの選択と組み合わせ方を工夫する、チーム活動する場（環境）をデザインする、メンバー同士の関係性を促進する、の4つです。

　それを踏まえて、最初の話に戻ります。議題を並べても意見が出ないときは、どうしたらよいでしょうか。素直に、メンバーに理由を尋ねてみましょう。口ごもったとしたら、それが何かを物語っているはずです！

参考：堀公俊、加藤彰、加留部貴行『チーム・ビルディング』（日本経済新聞出版社）

第 3 章

真意をつかむ

Message

意見を引き出す

初級編

1-1 意図を明確にした質問で引き出す

☛アバウトな質問では意見は出てこない

話し合いをやっても意見が出ないことがよくあります。にもかかわらず、「いかがですか？」「何かありませんか？」と間の抜けた質問をするファシリテーターがいます。それをするから余計に意見が出ないのです。

「いかがですか？」と言われても、何を問われているか、論点が分かりません。そうすると、質問者の意図や空気を読んで、その場にふさわしいことを言おうとします。大抵は何が適切なのかがすぐに分からず、「いや、その……」と口ごもってしまいます。「ええ、まあ……」と話しながら反応を伺い、「そんなところですかね」と意味不明の発言でごまかすハメになります。

もっとひどいファシリテーターになると、質問にすらなっていません。「△△ということがあったんですが……」「○○というご意見もありますが……」と解説を述べて、目で合図を送ります。送られたほうは何か言わないといけないとばかり、適当なことを話してお茶を濁すことになります。

これでは意見が出ないばかりか、出たとしてもまともな議論になりません。普段の会話のやり方を会議に持ち込むから、うまくいかないのです。

☛質問文をしっかり組み立てよう

意見を引き出したかったら、質問者が何を問いたいのかをきっちりと考えて、

意図をしっかりと相手に伝えましょう。そうしないと、意図を詮索するという負担をかけてしまい、意見が出にくくなります。

質問は、ある程度限定されたほうが答えやすくなります。一例を挙げれば、「最近、どう？」と問われても、何を訊かれているのか分かりません。「仕事の調子はいかがですか？」と問われたほうが答えやすいはず。

意見を引き出すポイントは、当たり前の話ですが、目的を持って論点を明確にした質問をすることです。

F　山田さん、いかがですか？
　　→山田さん、会社の課題について、どのように考えていますか？
F　田中さん、何かありませんか？
　　→田中さん、この問題を解決するアイデアはありませんか？
F　ウチの会社って、組織の壁が厚いんですよね……（目で合図）
　　→ウチの会社は組織の壁が厚いと言われていますが、それに対してどのようなご意見をお持ちですか？
F　こうなったのは、スキル不足のせいかもしれませんね……（目で合図）
　　→こうなったのは、スキル不足のせいだと思われますか？

☛英語をイメージして問いをつくる

こうなってしまう原因の１つは、日本語が持つ曖昧さにあります。文章の最後に「？」のニュアンスをつけるだけで質問文になってしまうからです。

その点、英語はよくできています。しっかりと質問しないといけないような文法になっています。

たとえば、英語では最初に疑問詞をつけないと質問文が始まりません。いわゆる５Ｗ２Ｈです。何を質問するかを初めに決めない限り、質問ができないような構造になっているのです。質問が苦手な方は英語をイメージしながらやることをお勧めします。

F　誰がこの問題に一番詳しいのでしょうか？　（Who）

F　何が私たちの本当の課題なのでしょうか？　（What）
F　どこで我々が戦うべきだと思われますか？　（Where）
F　いつまでに目標を達成すればよいですか？　（When）
F　なぜ私たちはいつもこうなってしまうのでしょうか？　（Why）
F　どのように仕事を進めていけばよいのでしょうか？　（How）
F　どれくらいの努力が求められると思いますか？　（How much）

　これらを**オープン・クエスチョン**（開いた質問）と呼びます。相手の自由な意見を引き出すときに用います。これだけだと話が広がる一方なので、**クローズド・クエスチョン**（閉じた質問）を用いて、的を絞り込んでいきます。

F　要は、反対だということですか？　（Yes ／ No）
F　A、B、Cの中でどれがベストだと思われていますか？　（選択）
F　組織の元気度は何％くらいでしょうか？　（数値化）

　つまり、私たちは、「いかがですか？」と超アバウトなオープン・クエスチョンか、「○○なんですが……」と同意を求めるクローズド・クエスチョンが多いわけです。2種類の質問をしっかり組み立てられるようにならないと、期待する意見が引き出せません。その上で、バランスよく使い分けたり、巧みに組み合わせたりができるようになりましょう。

☛どんな情報を引き出したいのか？

　もう1つ覚えてほしいのが、質問する内容の使い分けです。「何かありませんか？」だと、感想を訊かれているのか、アイデアを求められているのか、さっぱり分かりません。「何かって何ですか？」と問い返しても、大抵は「何でもいいです」と言われ、ますます困ってしまいます。
　そんないい加減な質問をすると、ありとあらゆる話が出て、収拾がつかなくなります。結局、ファシリテーター自身が困るハメになります。議論がまとまらないのではなく、**まとまるような意見の出し方をしていないのです。**
　この局面ではどんな情報が必要なのかを考え、少なくとも下記の区分けくら

いはできるようになっておきたいものです。ちなみに、これらは答えやすい順番に並んでおり、この順で尋ねるのが意見を引き出すコツです。

F　いったい、お客様のところで何が起こったのですか？（事実・経験）
F　それを聞いてあなたはどう感じましたか？（知覚・感情）
F　何が原因でそうなったと考えますか？（思考・考察）
F　今ここで何を一番大切にしないといけませんか？（価値・信条）
F　明日から何をすればよいのでしょうか？（決定・行動）

☛質問を繰り出すタイミングを計ろう

この他、質問にはさまざまなテクニックがあり、第2章3-3「問いの力を高める」も参考にしてください。

ただし、質問はタイミングがとても重要です。せっかく相手が乗ってしゃべっているのに、間の悪い質問をしたために、勢いが止まってしまった。そんな経験はないでしょうか。逆に、話が行き詰まっているときに、何気なく出した質問で、急に相手が前のめりになったということもあります。

質問は生モノです。繰り出すタイミングと言い方（ニュアンス）で質問のパワーは大きく変わります。質問を活かすためには、相手の話し方や態度をよく観察して、どこに興味があるのか、どれほどその話題を追究したいのか、話がどこに行こうとしているのか、を見極めないといけません。

その上で、次の質問をするタイミングを見定めるのです。質問力は、観察力と傾聴力とセットであることを忘れないようにしましょう。

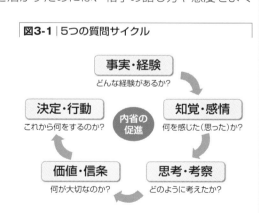

図3-1｜5つの質問サイクル

事実・経験
どんな経験があるか？

知覚・感情
何を感じた（思った）か？

思考・考察
どのように考えたか？

価値・信条
何が大切なのか？

決定・行動
これから何をするのか？

内省の促進

1-2 力強い応答で発言者を勇気づける

☛相手に集中して話を聴く

見知らぬ人同士のような、居心地の悪い場だと意見が出にくくなります。**チェックイン**や**アイスブレイク**と呼ばれる緊張をほぐす活動が効果的です。

ところが、せっかく場をほぐしても、誰も意見を聴いてくれなかったら、意見を言う気になりません。受け取る人がいるからこそ、ボールを投げようと思うもの。ファシリテーターが率先して受け取る役を果たさねばなりません。

傾聴（アクティブリスニング）は、人と人が関わる上でもっとも重要なスキルです。ファシリテーターに限らず、対人支援をする人に欠かせない技術です。

単に声が耳に届いていて聞こえている（ヒアリング）のではなく、相手に興味・関心を持って積極的に話を聴く（リスニング）のが傾聴です。「ここはしっかり聴くぞ」とスイッチを切り替え、相手にフォーカスしないとできません。

とはいえ、傾聴していることが伝わらないと、相手は「聴いてもらえた」と感じられず、聴いていることになりません。積極的に聴くというのは、積極的に**応答**することに他なりません。アイコンタクト、うなずき、相槌、復唱といったリアクションで、しっかり聴いていることを伝え、勇気づけるのです。

> F　なるほど。それもありますね（知りませんでした）。
> F　新しい（違う、○○さんらしい、経験に裏打ちされた）意見ですね。
> F　ご提案（発言、アイデア、情報）をありがとうございます。

☛強めにリアクションをする

このときに少し強めに、**オーバー・リアクション**をするのがコツです。「へ〜」「ほ〜」と感心したり、「本当（マジ）ですか？」「ビックリしました」と驚きを伝えたり。嫌らしくない程度に、少し強めに応答してみましょう。

コーチやカウンセラーとは違い、ファシリテーターは1人でたくさんの人を

相手にしないといけないからです。どうしても、1人ひとりに対するコミュニケーションの量が減り、せっかくの機会にしっかりと参加を促したいものです。言葉だけでは弱いときは、相手に体を向ける、そばに寄って話を聴く、発言を板書するといった行動で歓迎の気持ちを伝えます。

　ただし、「いいですね」「素晴らしい」と褒めるのは微妙です。褒めるのも評価の一種であり、「じゃあ、私の意見は素晴らしくないのか」となるからです。「なるほど」「そうなんだ」くらいのニュートラルな言葉を用いるのが無難です。褒めて勇気づけたいのなら、"内容"ではなく"行動"を褒めるようにします。

> F　なるほど、よく思いつきましたね（気づきませんでした）。
> F　そうですか。思い切って話してくれましたね（勇気ある発言です）。

☛常にアンテナを立てておく

　傾聴するときにもう1つ大切なのは、相手に集中しつつも、意識は開いておくことです。常に周りがどうなっているかをつかんでおかないと、次のアクションが取れなくなるからです。

　ある人の発言を聴きながらも、その発言がどのようにみんなに受け入れられているかを、同時に把握しなければなりません。正しく伝わっているか、支持や共感を呼んでいるか、緊張や不安を巻き起こしていないかなどを、場の空気から感じ取っていきます。さらに、次に誰がどう動くか、この発言をキッカケにどんな場になるか、次の展開も予想しておかなければなりません。

　かといって、周りにばかり意識を向けていると、「おい、聴いているのか？」となりかねません。話を聴くことと、周囲を観察することは両立しがたく、ましてや次の展開まで考えるとなると、かなり大変です。

　目指すは「集中しつつも開く」という態度です。うまくできない間は意識のスイッチを細かく切り替えるしかありません。

　たとえば、発言者を強く勇気づければ、しばらくは話に乗ってくるはず。その隙に周囲に目を向けるのです。そうやって、相手、周囲、自分と意識のスイッチの切り替えを繰り返しているうちに、目指す態度が身についてきます。

1-3 メッセージの内容を確かめる

☛要約してスポットライトを当てる

　発言者へのリアクションの中で、ぜひやってほしい動作があります。話の趣旨を短い文章でまとめる**要約**です。

> F　要するに（つまり）、○○ということですね。
> F　まとめると（結局）、○○とおっしゃっているんだ。
> F　一言で（簡単に）いえば、○○だというわけですね。

　目的の1つは、発言をしっかり受けとめたことを相手に伝えて、勇気づけることです。相手の存在そのものを認めることから**承認**と呼びます。

　それだけなら、「……ですよね」と相手の発言をオウム返しする復唱でもよいのですが、毎回やられるとうっとうしいです。その点、要約だったらテンポよくできます。

　それに、発言の真意を確認しておかないと、誤解を元に議論があらぬ方向に進みかねません。発言の解釈を統一しておかないと、話がかみ合わなくなります。

　要約すれば、「今の発言は○○という意味ですよ」とみんなに伝えることになります。ホワイトボードなどに書けば、さらに効果は高まります。

　なので、必ずしもすべての発言にやる必要はありません。自信のない人、真意を測りかねる意見、曖昧な発言などに対してするので十分です。

　加えて、特定の発言にスポットライトを当てるために、意図的に要約を入れるケースがあります。重要な意見、新たな視点を含んだ意見、みんなが注目した意見などに対してです。要約を使って、場に流されないようにします。

> F　○○というのは今までなかった視点です。それも押さえておきましょう。

☛まとめすぎると逆効果になる

　発言者の真意をコンパクトにまとめるのが要約です。だからといって、短すぎると真意が伝わりません。それどころか、本当に受け取ってもらえたのか不安になって、かえって逆効果になります。短ければ短いほどよいとは限らないのが、要約の難しいところです。たとえば、こんな失敗がよくあります。

> M　最近、オフィスが散らかっていても誰も片づけようとしない。電話だって率先して取ろうとしないし。そもそも、ウチの連中は……
>
> F　要は、職場風土の話ですね？　（論点のみ）
> 　　→職場風土について、○○だと考えておられるのですね？　（意見）
>
> F　つまり、モラルの崩壊ということですね？　（意訳）
> 　　→○○が職場で何度も起こっているのですね？（直訳）
>
> F　結局、気に入らないということですね？　（極論）
> 　　→○○という不満を持っていらっしゃるのですね？（具体化）

　こういうクセのある方は、もう一度要約の目的を思い出して、役目が果たせるように努めましょう。省略のしすぎは仇となることをお忘れなく。少し長くなりそうなら**ナンバリング**と呼ばれるテクニックを用いるようにします。

> F　おっしゃりたいことは３つですね。１つ目は……、２つ目は……、３つ目に……と。それでよろしいですか？

☛なるべく発言者の言葉を使おう

　もう１つよくある失敗は、発言を勝手に自分の言葉で言い換えてしまうことです。なかには、自分なりの言葉で全文を言い直すだけで、ちっとも短くなっていないファシリテーターもいます。
　要約のコツは、発言者の言葉（キーワード）をそのまま抜き出すことです。重要な言葉、何度も繰り返される言葉、オリジナルな言葉、こだわって使って

いる言葉などを見つけ出します。それらを取り出すだけで、相手は「理解してもらえた」と感じてくれます。

長い発言では、キーワードをつなげて要約文をつくります。そうすれば、解釈がブレることが少なくなります。

> M　今度の試作品、見た？　あれではとても勝負にならないよ。もっとオシャレなデザインにしないと。あれで若い子が飛びつくと思っているんだろうか。もう一度試作をやり直すべきだと思わない？
> F　若い子が飛びつくよう、オシャレにつくり直してほしいのですね。

☞ときには真意を代弁してあげる

常に発言者の言葉で要約するのがよいとは限りません。相手の言いたいことを見抜いて、より適した言葉に変換してあげる場合もあります。

> M　ほら、得意技というか、その人しかできないスゴ技というか、そんなのがあの人にはあるんだよ。この道30年のベテランならではの。
> F　要は、「名人芸」があるのですね。
> M　それそれ。誰も真似できない名人芸があるんだよ。

そのために大切なのは何といってもボキャブラリーです。名人芸、職人芸、神業、離れ業、超絶テク……といったように、いろいろ言い換えてみて、一番しっくりくるものをぶつけてみます。はずしたなら、また別の言葉を。

語彙が多ければ多いほど、真意に近い最適な言い換えが見つかる可能性が高まっていきます。本を読むなどして語彙の力をできるだけ高めておきましょう。

☞巧みな言い換えで摩擦を緩和する

もう1つ言い換えが望ましいのは、対立が激化して相手を傷つける言葉が飛び出すようになったときです。ストレートにそのまま要約したのでは、ケンカをあおるようなものです。

要約としては正しくても、言われた相手はあまりよい気持ちがしません。話し合いを進めるには好ましくなく、売り言葉に買い言葉となって、どんどん感情がエスカレートしてしまいかねません。

　いくらホンネで話すのがよいといっても、世の中には「それを言ってはおしまい」ということもあります。思わず出てしまったときは、さりげなく言い換えて、場が荒れないようにしなければなりません。

　やり方は、人と意見を切り離した上で、主語をYou（あなた）からI（私）に置き直します。さらに、感情を抜いて事実や意図だけを提示する表現に直します。以下に挙げるような言いまわしを頭に入れておきましょう。

M　お前の言っていることは根本的に間違っている。
F　まったく違う意見をお持ちなんですね。

M　あんな奴は嫌いだ。
F　苦手だと思っているのですね。

M　それには反対だ。
F　同意できないとおっしゃるのですね。

M　そんなことは無理だ。
F　できないかもしれないのですね。

M　我々は対立している。
F　意見の隔たりがあるのですね。

M　あんたはいつもそうだ。
F　同じ経験が過去にあったのですね。

M　そんな話、聞いていないぞ。
F　事前の連絡がほしかったのですね。

本心を引き出す

2 中級編

2-1 気持ちよくそそのかすプルの技

☛プッシュとプルの緩急をつける

いくら場を整え、明快な質問をしても、意見を出してくれない人がいます。たとえ出したとしても、おざなりな内容で、とても本心とは思えないこともあります。そういった場面で、もう一歩踏み込んで、いかにして心の扉を開けていくか。ファシリテーターの技が光る場面です。

やり方は大きくプッシュとプルに分かれます。**プッシュ**とは、相手にプレッシャーをかけて発言や本心を引き出す方法です。強制する、詰める、介入する、命令する、煽るといったやり方です。質問でいえばクローズド・クエスチョンが当てはまります。力を加えれば、反発する逆向きの力が生まれることを利用する、いわば「追い込み」の技です。

それに対して、力を緩めることで自発的な力を引き出すのが**プル**です。聴く、待つ、任せる、委ねる、見守るといった働きになります。やはり、質問でいえばオープン・クエスチョンが該当します。こちらは「そそのかし」の技になります。

どちらか片方だけだと行き詰まってしまいます。**緩急をつけながら、場にゆさぶりをかけていく**のが望ましいやり方です。プッシュもプルもさまざまな技法があるのですが、ファシリテーターがよく用いるものを、プルから先に紹介していきます。

☞沈黙に耐える勇気を持とう

プルのテクニックで、意外に効果があるのが「待つ」です。問いを出したら、黙って意見が出るまで待つのです。少なくとも５秒、できれば１０秒。３０秒も待てば必ず意見は出てきます。試しにやってみてください。

よくある失敗は、沈黙になったと見るや、あわてて質問を言い換えたり、指名をしたりして、ますます意見が出なくなった、というものです。慣れないファシリテーターは、沈黙が怖いので１秒も待てません。すぐに二の矢、三の矢を放ってしまいます。

ところが、質問されたほうは、その意図を解釈したり、自分の意見をまとめるのに時間がかかります。ようやく意見を出す気持ちになったところで、次の質問が来ると、また考え直さないといけません。

しかも、指名を一度すると、自発的に話さなくなります。黙っていたらファシリテーターが何とかしてくれるとばかり、当事者意識も薄れていきます。

適切に質問ができたなら、ボールは相手にあります。ファシリテーターが焦る必要はなく、黙って待てばよいのです。それでも出なければ、相手にボールがあることを知らしめればよいのです。

図3-2｜プッシュとプル

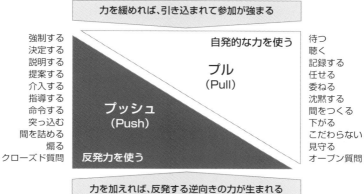

　我慢比べに耐えられないのは参加者のほうです。心の中で鼻歌でも歌いながら、じれて誰かが発言するまでゆったりと待つようにしましょう。

☛人は反応によって動機づけられる

　どんなに意見を言わない人でも、偶然や強制によって、何らかの意思表示をするときがあります。そのときに、「よく言ってくれた」「さすが、田中さんだ」とポジティブな反応を返すと、また意見を言おうという欲求が芽生えてきます。反対に「え、それだけ？」「よく考えたか？」「違うだろう！」と応えると、二度と余計なことは言うまいと思うに違いありません。

　私たちは、「発言したい」という欲求があって、「発言する」という行動を取ると思っています。それもありますが、「発言をする」という行動をしたときの周りの反応によって「発言したい」という欲求が芽生えるとも言えます。

　これが、「行動はすぐ後の状況の変化によって決まる」とする**行動分析学**の考え方です。発言しないのは、本人の心や性格に原因があるのではなく、周りの直後（１分以内）の反応によって決まると考えるのです。

　たしかに、意見やホンネを言わない人に、メリットやデメリットを伝えて言いたくなるような気持ちにさせる、というのもひとつの手です。ところが、このやり方は、そういう気持ちがカケラもない人には通用しません。しかも、相

図3-3 | 欲求と行動のモデル

古典的な動機づけモデル

欲求 → 行動

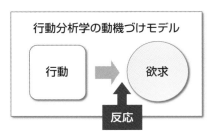

行動分析学の動機づけモデル

行動 → 欲求

反応

手の心の中を変えるのは、赤の他人がそうできるものではありません。

　対する、周りの反応を変えるやり方は、相手が今どういう気持ちなのかはどうでもよい話。自分の関わり方さえ変えればよく、人と人の相互作用を促進するファシリテーター向きのやり方です。

　相手が**自分の期待する行動を取らないのは、自分の関わり方がよくないから**である。そう考えて、こちらの反応を変えれば、いつかは必ず扉は開くようになります。後で述べる問題児への対策にも共通する考え方です。

　ただし、このやり方を悪用すれば、自分が望む結論に誘導するのにも使えます。ですので、あくまでも"行動"に対する反応にとどめ、"内容"に対する反応は控えておくべきです。

☛こちらが開けば相手も開く

　もう１つグループ・ダイナミクスを活用する手法を紹介しましょう。相手のホンネを引き出したかったら、まずファシリテーター自身がホンネで話すことです。これを**自己開示**と呼びます。今ここで、自分がどのように考え、感じているのか、自分自身について気づいていることを、言葉や態度で正しくありのままに他人に伝えるのです。

> F　実は、意見が出なくて、少し寂しく思っています。（感情）
> F　本当は、私もみんなの前で話すのは大の苦手だったんです。（過去）
> F　ぶっちゃけ、今日はもうやめてしまいたいと思っています。（欲求）

　なぜこれで参加を促せるかといえば、ファシリテーターの態度が場のモデルとなるからです。**モデリング**と呼びます。ファシリテーターがホンネで話せば、みんなもそうしようとします。

　加えて、してもらったことにお返しをしようという**返報性の原理**が働きます。意を決して心の内を話してくれたんだから、自分も扉を開けないと悪いような気になります。しかも、**一貫性の原理**や**自己決定の原理**が働いて、自分の意思でやったことは最後まで貫き通そうと思います。いったん心のハードルを下げると、途中でやめようとは考えません。

そうやって自己開示の相乗効果が生まれてくると、どんどん心の内を吐露する人が増え、ホンネの対話になっていきます。その引き金を引くのがファシリテーターの自己開示というわけです。

☛集団のマイナス効果を抑制するには？

これとは反対に、グループ・ダイナミクスには悪い作用もある、という話を第1章でしました。できるだけ起きないようにするのも、ファシリテーターの大切な仕事です。

たとえば、大勢の前で話をするのは誰でもためらわれます（**自己規制**）。ましてや自分のホンネを語ろうと思ったら、よほどの信頼関係がなければできません。

そんなときは、話し合いのメンバーを絞り込み、**集団圧力**を減らすようにします。さらに、メンバー同士の物理的な距離を詰めることで、話しやすさがアップします。

そういう意味では、本心を引き出すのに一番よいのは、2人でひざ詰めで話すこと。そこから話し合いを始めるのは、心理的なハードルを下げる良い方法です。

また、1人が長々と話すと他の人が発言できません（生産性の低下）。あいつに任せておけばいいかとばかり、フリーライダー（タダ乗り）を決め込む人もいます。それを防ぐ一番良い方法は、意見を紙や付箋に書き出すことです。集団圧力を減らすのにもつながります。

さらにやっかいなのが上下関係です。どうしても上役の人がいる場では本心を話したくありません。

一番よいのは、いったん席を外してもらうことです。難しければ、話しやすくするルールを設けた上で、上役がルールを守るかどうかをチェックする役を置くとよいでしょう。あるいは、事前にお願いをしておいて、上役に率先してホンネや弱みを語ってもらえば、良いモデリングになります。

こんなふうに互いの関係性に着目すれば、何らかの対処法はあります。**何がホンネを語るのに蓋をしているのかを見極め、**特効薬を探すのではなく、できることを着実に進めていきましょう。

2-2 相手に一歩踏み込むプッシュの技

☛バインディングでやる気を引き出す

今度は意見やホンネを引き出すためのプッシュのテクニックです。一番に覚えてほしいのが**バインディング**で、拘束をかけるという意味です。

F　今日はホンネで話すことにしましょうよ。ホンネでないと思われる発言には「綺麗ごとですよね」とツッコミを入れますから。（ルール）

F　先週、１課では50個のアイデアが出ました。もちろん、２課はそれ以上を狙いますよね。（事例）

F　では、ありきたりではない、どこにもないユニークな解決策をお願いしますね。さあ、これでハードルが上がりましたよ。（目標レベル）

見てお分かりのように、心のハードルを高めに設定して、やる気を煽り、内なる力を引き出そうというのがバインディングです。話し合いの冒頭にやる場合もあれば、発言をする前にやる場合もあります。心のバーの高さは、下げるばかりではなく、上げることでもチームの力が引き出せるのです。

☛もう一歩踏み込むためのキラーフレーズ

「特にありません」「同じ意見です」といった、おざなりの発言を放置しておくと、またそれで逃げればよいと甘く見られてしまいます。大の大人が何もないことは考えられず、赤の他人と完全に同じ意見のはずもありません。本当は言いたいことがあるのに、話すのが面倒なのでごまかしてしまっているのです。

M　問題点と言われても、何もありません。
F　あえて、挙げるとしたら何がありますか？
M　意見は特にありません。
F　特にでなければ、どんな点がありますか？

> M　佐藤さんと同じです。
> F　佐藤さんと違うところがあるとすれば、どこですか？

　なかでも「あえて」はキラーフレーズです。これをぶつけられて、逃げられる人はまずいません。ここぞというところで使ってみてください。

☞少しずつドアをこじ開けていく

　心のハードルを越えるために、一度小さな要求を飲ませてから、次々と要求をぶつける**フット・イン・ザ・ドア**という技があります。話しやすくて、ハードルの低い話から語ってもらい、少しずつ相手の深いところに入っていく作戦です。前節の質問のテクニックもそのために活用できます。

> F　思いつきでいいから、AかBかと言われればどちら？（低ハードル）
> M　いや、ほんの思いつきですよ。強いていえばBですかね……。
> F　なるほど、もう少し具体的に言うと、どんな感じ？（中ハードル）
> M　具体的にですか……。たとえば私のケースで言えば……
> F　ほう。その裏にどんな思いがあるのでしょうか？（高ハードル）

　あるいは、一貫性の原理を用いて、2階に上げて梯子を外すこともできます。

> F　○○と考える人は挙手していただけませんか？（→何人かが挙手）
> F　では、手を挙げた藤井さん。具体的には？（→しぶしぶ発言）

☞相手の気持ちを逆手に取る

　これとは逆に、過大な要求を断らせてから、小さな要求を飲ませるのが**ドア・イン・ザ・フェイス**です。ダメモトで無茶な質問をしてから、本当に話してほしいことを質問するのです。

> F　ぶっちゃけ、上司をどう思っているか教えてください。（高ハードル）

M　そんなのいきなり言えるわけがないだろう。
F　だったら、どんなところが気になりますか？（中ハードル）
M　それもこの場ではちょっと……。
F　じゃあ、何だったら上司について話ができますか？（低ハードル）

　こちらも違った使い方ができます。**アンカリング**と呼ばれる技で、最初の問いかけが碇（アンカー）となり、そこから大きく外れることはなくなります。

F　今から30分でアイデアを300個出しましょう　（→一同反対の声）
F　じゃあ、１時間で100個なら出せますか？　（→しぶしぶ承認）

☛ときには荒業も必要となる

　仮定の話を使えば、心のハードルを越えやすくなります。無謀な意見でも仮の話なら言えます。人を仮定する場合と、状況を仮定する場合があります。

F　では仮に（もし）あなたが社長だとしたら、どうされますか？（立場）
F　たとえば、会社が大きな危機のときでも、そうしますか？（状況）

　ときには、極論をけしかける手もあります。相手の話をそのまま発展させて極端なところまで持っていくのです。言いたいことを極端に要約するのも良い方法です。「そうは言っていないぞ」と思わず本当に言いたいことが出てきます。

F　ということは、会社がつぶれてもいいのですね？
F　要は、「やりたくない」とおっしゃっているんだ。

　さらに、究極の選択を迫るというのも、本心を引っ張り出すためのひとつの方法です。かなりの荒業になりますが、ここぞというところでお試しあれ。

F　もし、ＡかＢかどちらか取れと言われたら、どっちですか？

2-3　筋道を明らかにして真意をつかむ

☛意見の前提を明らかにする

　発言の中には真意を測りかねるものがあります。言葉使いが曖昧だったり、話の筋が見えなかったり……。なかには、何が言いたいのか、自分でも分からないまま発言する人もいます。

　それに、コミュニケーションには**歪曲**、**省略**、**一般化**がつきものです。普通に話をしていても、誤解や取り違えが生まれてしまいます。

　歪曲とは、事実や思いを歪めて伝えてしまうことです。伝言ゲームを繰り返しているうちに元の話が変形されるのが典型です。相手が期待する話をしようとして誇張するのも歪曲の一種です。

　また、本人が当たり前だと思っていることは、相手も当然知っていると思って、わざわざ話をしようとしません。いわゆる暗黙の前提です。なかには、「聞かれなかったから話をしなかった」と意図的に省略する人もいるので、油断がなりません。

　3つ目の一般化とは、「つまり○○ということだ」「いわゆる○○だ」「おお

図3-4│歪曲、省略、一般化

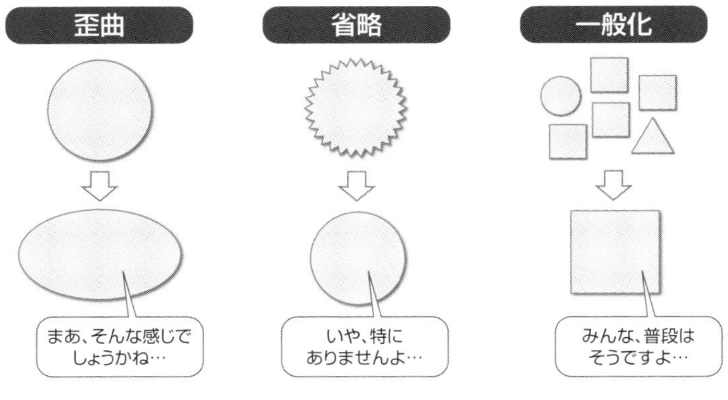

| 歪曲 | 省略 | 一般化 |

まあ、そんな感じでしょうかね…

いや、特にありませんよ…

みんな、普段はそうですよ…

むね○○だ」と話を大ぐくりで丸めてしまう働きです。悪いものではないのですが、過度になってしまうと誤解の原因になってしまいます。

　そんな取り違えが生まれないよう、真意を表に出すためのテクニックをいくつか紹介していきます。やはり質問フレーズとして覚えるのが近道です。

　まずは、話の前提を尋ねる質問から。前提が分からないと、どのように話を受け取ってよいか分かりません。

> F　今のは、問題の原因についての話ですよね？　（論点）
> F　それは事実？　それともご意見？　あるいは願望？　（内容）
> F　あくまでも、部長としてのご意見でしょうか？　（立場）

　加えて、前提として確認しておきたいのが、言葉の定義です。同じ言葉を違う意味に使っていたのでは、話がかみ合うわけがありません。特に、抽象的な言葉、一般化された表現、文学的な修辞、バズワード（流行り言葉）は要注意。必ず意味を確認するようにしましょう。

> F　今、おっしゃった「コンセプト」って、どういう意味ですか？
> F　たとえば、「戦略的」とはどんなことなのでしょうか？
> F　「グローバル化」を具体的に言えば、どうなりますか？

☛ロジックが分からないと理解できない

　分かりにくい話に対して、「分かりやすく言えば？」と尋ねてもあまり効果的ではありません。それよりは、話をあちこちに振ってみて、ゆさぶりをかけてみるのが得策です。

　1つは、ロジック（論理）を明らかにするためのゆさぶりです。根拠を尋ねたり、結論を尋ねたり。両者がつながっていないと、話の筋が見えてきません。

> F　<u>なぜ</u>、そう思われるのですか？　（根拠）
> F　<u>だから</u>、何だとおっしゃりたいのですか？　（結論）

これに、話の**抽象度**を変える質問を組み合わせます。曖昧で抽象的すぎる話は、事例や比喩を使って具体的に説明してもらいましょう。逆に具体的で細かすぎる話は、ギュッと圧縮してエッセンスだけ取り出すようにします。

> F　<u>たとえば</u>、それはどんな状況なのでしょうか？　（具体）
> F　<u>要するに</u>、おっしゃりたいことは？　（抽象）

☛思考のプロセスをあぶり出す

　もう１つのゆさぶりは、目的と手段です。

　「そもそも論」を尋ねれば、話していることの狙いや意図が見えてきます。逆に、手段や方策を尋ねれば、主張している内容のイメージが明らかになります。やはり、両者のつながりが悪いと、何が言いたいのか分かりません。

> F　<u>そもそも</u>、何のためにそれをやるのですか？　（目的）
> F　<u>どうやって</u>、それを達成していきますか？　（手段）

　これに組み合わせるのが、拡大と集中です。

　拡大とは、選択肢を広げていく働きかけです。逆に、選択肢や考え方を絞り込んだり、物事に優先順位をつけていくのが集中です。両者を行ったり来たりすると、選択や決定のプロセスが明らかになり、本当に言いたいことが見えてきます。

> F　<u>他に</u>、それをするやり方はありませんか？　（拡大）
> F　<u>なかでも</u>、どれが一番重要なのですか？　（集中）

　「根拠－結論」「具体－抽象」「目的－手段」「拡大－集中」の４つは、話を明らかにするための基本操作です。ファシリテーターとしては必ずマスターしておくべきものです。

　それには、「なぜ？」「他に？」などの下線を引いた頭のフレーズを口グセに

してしまうのが一番。このフレーズだけでも十分に相手の真意を引き出す効果があります。常に使って、ここぞというときに口から出るようにしておきましょう。逆に言えば、こういったフレーズがすぐに出るようになったら、ファシリテーターとして一人前になったと言えるでしょう。

☛それでもダメなときの一言

こんなふうにあれこれ話を振っても本心が見えない人には、ストレートに尋ねるしかありません。特に、言い訳ばかりする人や、情報ばかり並べて意見を言わずに逃げようとする人に効果的です。

> F 結局、あなたはどう考えているのですか？ （思考）
> F 本当に、そう思っているのですか？ （確信）

もちろん、これだけで本心が出てくるわけではありません。他の方法との組み合わせで威力を発揮するものです。

ある程度言い訳や情報提供に付き合った後で、相手の本心を知りたいという気持ちを込めて、あまり力まずに尋ねると効果があります。やはり、タイミングと言い方が重要なわけです。

図3-5 │ 話を深める

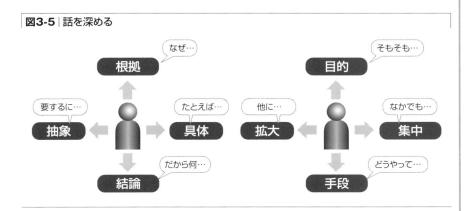

2-4　心模様からホンネを見つけ出す

☛心の中で何が起こっているのか？

　ここまで述べてきたのは、言葉や論理を使って本心を見つけ出す方法です。反対に、言葉ではなく、その人の体から出ている**非言語メッセージ**から読み解くやり方もあります。心理や感情をつかむにはこちらが適しています。

　ここで言う非言語メッセージとは、次のようなものを指します。

　①口調：トーン、抑揚、高低、スピード、ペース、滑らかさ……
　②表情：目力、口元、鼻孔、眉間、明るさ、顔の傾き……
　③態度：体の角度、向き、身ぶり、手ぶり、無意識の動作……

これらは雄弁に、本人の心の内を物語っています。

　①気持ち：満足、高揚、不安、恐れ、躊躇、敵意、葛藤、緊張……
　②心の声：言いたくても言い出せないこと、本音／建前……
　③関わり方：没入度、参加のレベル、受け入れられ度合い……

　読み解いたものを自分の中に置いておくのはもったいない。どうせなら指摘をして、見立て違いをしていないかを確認しましょう。そうすることで、相手の自覚を促し、「実は……」「バレたなら仕方ない」「そうではなくてさ……」とホンネを引き出すことにつながります。

　観察した事実（言動、状態）をそのままストレートに指摘するのが、**フィードバック**の基本的なやり方です。これなら相手を傷つけたり、気まずいムードになることもありません。

　　F　ちょっと早口になっちゃいましたか？
　　F　あら、奥歯にものがはさまったような言い方をされますね……。

F　だんだん前のめりになってきましたね。

さらにもう一歩踏み込んで、非言語メッセージから推理した心模様（感覚、感情）を伝えるやり方もあります。

F　それ以上踏み込むのは、やはりためらわれますか？
F　「おっと、ヤバイぞ」といった感じでしょうかね。
F　それって本心ではなく、タテマエだったりして……。

ただし、これはかなり関係性ができていないとできません。下手にやると「お前に何が分かるんだ」「どうして、そこまで言われなきゃならないんだ」となって、心の扉を閉じてしまいかねません。十分に注意して使ってください。

☛場全体で何が起こっているのか？

この話は個人ではなく、話し合いの参加者全体についても言えます。人と人の間でさまざまなことが起こっており、話し合いに影響を与えています。

①活動の様子：コミュニケーション（量、方向、偏り）、真剣さ……
②空気（ムード）：開放／閉鎖、暖かい／冷たい、友好／対立／防御……
③集団力学：関係性、リーダーシップ、集団規範、タブー……

やはり、直接フィードバックしたり、自分の見立てを披露したりすれば、みんなの自覚を促すことにつながります。

F　急にみんなのテンションが下がってきましたね。
F　「下手に発言するとお鉢が回ってくる」といったムードでしょうか。
F　どうやら主導権が反対派に移ったみたいですね。

なかには、こんなふうに空気を読むのが苦手なファシリテーターがいます。そういう場合は、素直に尋ねればよいのです。

F　皆さん、居心地はどうですか？　気持ちよく話せていますか？

　こういった働きを**リフレクション・イン・アクション**と呼びます。リフレクションとは**振り返り**（省察）という意味です。振り返りというと、何かの行為が終わったときにやるのが普通ですが、それでは今やっていることには間に合いません。やりながら振り返れば、すぐに軌道修正がかけられます。

　ファシリテーターが観察した内容をフィードバックする。あるいは、話し合いを一度止めて、ここまでやってきて感じていることをみんなで振り返る。

　それも面倒なら、ブレイク（休憩）を取れば、１人ひとりの心の中で自然と振り返りが始まります。「あれはちょっと言いすぎだよ」「本当は反対なんだけど立場上……」と、会場のあちこちでささやきが聞こえるようになります。

　聴き耳を立てれば、論理戦の裏にある心理戦が手に取るように分かります。休憩こそホンネが飛び出す格好の時間であり、一息ついているヒマはありません。

☛心理と行動を一致させよう

　ここで述べた話は参加者だけではありません。場の重要な要素のひとつであるファシリテーターの心模様も、今ここで起こっていることです。それをオープンにすれば、互いの理解が進み、みんなも自己開示がしやすくなります。

F　少し緊張しているのが分かりますか？
F　正直「地雷を踏んじゃったかな」と思っています。
F　議論が進まなくて焦っている自分がいます。

　こういった感情を無理に抑えつけたり、隠したりするとストレスがかかります。余計に焦って、心理も行動もコントロールできなくなります。

　まずは、自分の心の中で起こっていることを自覚しましょう。できれば、明らかにした上で、心理と行動がひとつになるように努めます。これを**自己一致**と呼び、ファシリテーターが身につけたい態度のひとつです。

　そういう態度が、みんなの自己一致を促し、本心を表に出すのに役立ちます。ありのままの自分であることの率先垂範をするわけです。

Exercise-2●真意を把握する力を高めよう!

　本当に言いたいことをつかむには、言葉の端々に現れる微妙なニュアンスを感じ取り、そこに質問をぶつけていきます。アンテナの感度が高くないと重要なサインを見落としてしまいかねません。

　次の会話から、発言の裏にあるものが読み解けるでしょうか。当たり外れはともかく、仮説をできるだけたくさん出してみましょう。

　　A　じゃあ、いっそのこと、直接顧客に尋ねるのはどうですか?
　　B　それはいいね。ぜひ、やってよ。来週でいいからさ。
　　A　え、私がやるんですか?
　　B　そのほうがいいよ。やり方が分からなければ教えてあげるから。
　　A　それは大丈夫なのですが、ちょっと仕事が立て込んでいて……。
　　B　じゃあ、リーダーにかけあってあげよう。他に何か?
　　A　いえ、そうしてもらえるなら、特に……。
　　B　じゃあ、よろしくね。

【解説】何となく会話がかみ合っていません。Aさんは自分にお鉢が回ってくるとは思わずに提案したようです。しかも、考えるヒマもなく一方的に押し付けられ、貧乏くじを引いた感が半端ではないです。過去に同様な役回りで損をした経験がある可能性もあります。
　対するBさんは、「言い出しっぺがやる」「物事は効率的に進める」「目標達成に貢献する」といった自分の考えが正しいと思い込んでいる節があります。そのため、相手の感情やチームワークへの配慮が足りず、上から目線な物言いが、相手を抑圧していることにも気づいていません。
　こんなふうに短い会話でもいろんな情報が読み取れます。それを表に出すことがより良い話し合いにつながります。退屈な会議があったら、心の声を読み解く練習に使ってみてはいかがでしょうか。

3 意味を引き出す

上級編

3-1 発言の大元にある物語を見つけ出す

☞過去をさかのぼり原因を見つける

　話し合いをしているうちに、意見の対立が鮮明になる場合がよくあります。理由の１つは、相手の真意をつかまないうちに論争を始めてしまうことです。誤解が誤解を生み、互いの距離がどんどん遠ざかっていきます。

　そんなときこそ、互いに何を言いたいのか、真意を正しく理解することが大切です。**正しく真意をつかむことは、対立解消の出発点になります。**

　これは口で言うほど簡単ではありません。いくらホンネで語り合っても所詮他人は他人。言い分がある程度分かっても、それが当人にとって何を意味するかは、当人しか分からないからです。最終的には、意味が分かってようやく分かり合えたと言えます。

　意味を見つけ出すための１つの方法は、それがどこからどんな経緯で生まれたのか、原因や過去をさかのぼることです。

　思考、感情、行動など、何かが生まれるには必ず原因があります。そう考えて、物事を考えることを**原因論**と呼びます。原因が分かれば、いま起こっていることの意味が見えてきます。

☞すべては経験から生まれている

　たとえば、ある人が「トップはもっとストレートな方針を出してもらわない

と困る」と言ったとしましょう。この考えがどこから生まれたのか、「なぜ?」を繰り返していくと、最後は大切にしている価値観や信念に行きつきます。「リーダーは強くあるべき」「方針は明快であるべき」といったものです。価値観や信念が分かると、言いたいことの意味が見えてきます。

ところがこれでも分からないことがあります。なぜ「リーダーは強くあるべき」と考えるかです。

なぜなら、「リーダーは強くないほうがうまくいく」と考える人もいるからです。なぜ、そう思うようになったのか、どこからこの考えが生まれたのか、さらなる原因を探らないと本当に分かったことになりません。

すると出てくるのは当人の経験です。**どんな環境で育ち、どんな体験を積み重ね、どんな出来事をキッカケにして**そう考えるようになったか。

たとえば長男としてずっと下の子の面倒を見てきた、学生時代はサッカー部のキャプテンをしていた、震災のときに勇ましい消防団の人に助けられた、といったものです。

おそらく、誰でも同じ経験をしていけば、似たような考えを持つはずです。私たちは体験から物事を学ぶ動物だからです。同じ経験をすることが、相手の真意を知るための一番の方法なわけです。

図3-6 背景の違いを知る

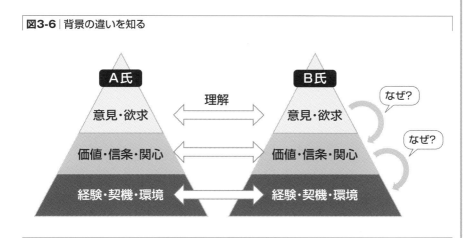

☞物語を聞いて疑似体験を味わう

実際には同じ経験をすることなんてできません。男性には女性の経験はできませんし、日本のお年寄りがアフリカの飢餓の子どもの経験もできません。せめてできるのは疑似体験です。経験談を聞いて、あたかも経験したかのように頭の中で想像するのです。それが**ストーリーテリング**（物語）です。

相手の言うことを本当に理解しようと思ったら、その裏にある物語を聞くのが一番の方法です。いつもこのレベルまで理解を深める必要はありませんが、ここぞというときは物語を促すと、意見の裏にあるものが見えてきます。

> F　なぜ、そう思われるのか、背景を教えてもらえませんか？
>
> F　あなたが一番こだわっている点は何でしょうか。それはどんな経験から生まれてきたのか具体的に語ってもらえませんか？
>
> F　どんな出来事がその考えが生まれる元になったのか、キッカケがあればお話ししていただけませんか？

普段の会議や打ち合わせでは、ここまで深い話をする余裕がないかもしれません。だったら、1対1の面談や飲みに行ったときを利用する手があります。

あるいは、ワークショップをやってみるのも、1つの方法です。チームづくりの研修と称して、物語を語り合う対話の場をつくるのです。そのための**ハイポイント・インタビュー**と呼ばれる方法があります。2人ペアになって最高の体験や大切にしている価値観を語り合うエクササイズです。

交互に計1時間もやれば、驚くほど相手の考えや人柄がよく分かります。語ったほうも語っているうちに追体験でき、新たな意味が生まれることもよくあります。聞き手が変われば、語る内容や意味づけが変わるのが面白いです。

ストーリーテリングで大切なのは、互いの物語を否定しないことです。

自分の物語にこだわることが対立の源となっており、それを手放したり見直したりすることが、対立解消に欠かせません。とはいえ、まずはいったん受け入れ、相手の物語を尊重しないと前に進めません。受け入れた後については第5章で述べたいと思います。

3-2　何を目指しているかを明らかにする

☞未来に向けて目的を明らかにする

　発言の意味を引き出すもう１つの方法があります。原因や過去にさかのぼるのではなく、その考えが何を生み出すのか、狙いや意図を明らかにする方法です。物事には必ず目的があると考える**目的論**です。

　同じく、ある人が「トップはもっとストレートな方針を出してもらわないと困る」と言ったとしましょう。今度は「なぜ？」ではなく、「何のために？」を尋ねていきます。そうして、当人が実現したい理想像、便益、効用などをあぶり出していきます。

> F　何のために、そうしなければならないのでしょうか？　その狙いは何ですか？
>
> F　それができたとしたら（最高にうまくいったとしたら）、どんなふうな姿になるのでしょうか？
>
> F　それがうまくいかなかったときの、あなたが避けたい最悪の結末はどんなものなのでしょうか？

　原因論が過去にさかのぼるのに対して、目的論は未来を見つめていきます。そのため、ポジティブなムードになるのが特徴です。

☞どんな価値を追い求めているのか？

　原因論で「なぜ？」を繰り返すのと同様、目的論においても「何のために？」をどんどん追求していくと、その人が目指す究極の価値が見えてきます。真、善、美、愛といったものです。

　たとえば、組織心理学者のＥ．シャインは、働く人が目指す価値（**キャリアアンカー**）を、専門能力、経営管理、安定、創造性、自律、社会貢献、全体調和、挑戦の８つに分類しました。意見や判断の違いは、こういった目指すもの

の違いによって生まれてきます。

一方、性格をタイプ分けする方法として有名な**エニアグラム**では、完全、奉仕、達成、個性、知識、安全、熱中、挑戦、平和の9つの価値に内的欲求を分類しています。

見れば分かる通り、両者はとても似ています。人間が目指す価値にそれほどバリエーション

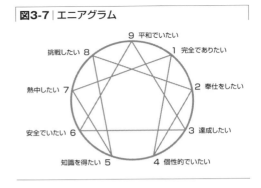

図3-7 | エニアグラム

9 平和でいたい
挑戦したい 8
1 完全でありたい
熱中したい 7
2 奉仕をしたい
安全でいたい 6
3 達成したい
知識を得たい 5
4 個性的でいたい

はないわけです。代表的なものだけでも頭に入れておけば、「山本さんは○○を目指しているから、△△という意見にこだわるんだな」と言動を理解する大きな助けとなります。ただし、安易にレッテルを貼ってステレオタイプな見方に陥らないように気をつけましょう。

☛どんな人でも受け入れるために

原因論と目的論は、どちらが良い悪いということはなく、2つを使い分けるしかありません。両方を組み合わせるとさらに強力になります。原因論（過去）から始めて目的論（未来）へ話を進める、といったやり方です。

当然、ファシリテーター自身にも大切にしている信念や価値があります。別段悪いことではありませんが、そのせいで自分とは違う価値があることに気づきにくくなる恐れがあります。気づいたとしても理解して受け入れるのが難しくなります。

落とし穴にはまらないよう、**世の中にはいろんな人がいることを経験的に知っておく**必要があります。多種多様な人とつきあい、多様な経験や経験談を積み重ね、人間の幅を広げておくのです。

そうすれば、意味不明の人に出くわしても、あわてることなく真意が探索できます。どんな奇人変人を相手にしても「それもアリかな？」と思えるようになります。自分が持っている幅は、相手を理解する幅に他ならないのです。

3-3 意味を見つけて問題児に対処する

☛陽の光で旅人のマントを脱がす

　会議をはじめとする話し合いの場には問題児（困ったちゃん）がつきものです。いつも遅れてくる「遅刻魔」、批評ばかりして意見を述べない「評論家」、知ったかぶりの「自称専門家」、相手を頭から否定する「デストロイヤー」など、数え上げればきりがありません。「いったい、何を考えているんだ！」と言いたくなる気持ちを抑えて、協力的な態度に導いていかなければなりません。

　こういった人たちの真意はどこにあり、どのような対処をすればよいのか。まずは原因論で考えてみましょう。

　なぜ、このような問題行動を取るのか。それは、過去の経験や生まれ育った環境にあると原因論では考えます。何らかの事情で、小さい頃から遅刻魔だったのかもしれませんし、何かの出来事で味をしめたのかもしれません。

　いずれにせよ、原因が分かっても今さら取り除けません。生死に関わるような相当痛い体験をしない限り、直らないのかもしれません。時間と労力がかかる話であることは間違いないです。

　せめてできることは、遅刻にまつわる物語を聞いて、**理解や共感をしてあげる**ことです。旅人のマントを脱がすのは北風ではなく太陽だったように。

　それで直る保証はありませんが、直そうという努力につながる可能性が出てきます。努力する姿勢があれば、それほど腹も立たなくなります。さらに、後で述べる方法を組み合わせれば、効果は一層高まります。

☛不適切な目的が問題行動を引き起こす

　一方の目的論に立つと、「時間にルーズ」「躾が悪かった」といった原因は考えません。何か目的があって遅刻をしていると考えます。

　といっても、愛や善といった高尚なものとは思えません。最近注目を浴びているアドラー心理学によると、こういった好ましくない行為の目的は４つのうちのどれかとされています。

①注目を引く：私が精一杯頑張っていることを認めてよ。

②権力を求める：私は遅刻をしても許される人間なんだぞ。

③復讐を企てる：遅刻が迷惑だったら注意をしてみろ。

④無力を装う：どうせ遅刻くらいしかできない人間なんだよ。

話し合い以外の場で目的を達成してもらうのが一番。それができなければ、目的に気づいて、自ら問題行動をやめてもらうことです。そのために、こちらの見立てをぶつけたり、矛盾に正対させたりして、相手の変容を促します。

逆によくないのは、相手のゲームにはまってしまうことです。注目を引くのが目的だからといって、下手に反応してしまうと、味をしめて余計にエスカレートしてしまいかねません。

それよりは、問題行動そのものは棚上げして、適切な行動に注目してあげるほうが効果的です。できればみんなの迷惑にならない場で。

☞ポジティブな反応で勇気づける

このように、原因や目的だけでは、相手の意図は理解できても、対処にはやや力不足です。他人の心の中を他人が変えるのは難しいからです。

こんなときこそ、先に述べた行動分析学のアプローチが役に立ちます。簡単に言えば、こちらが望む**ポジティブな行動に対しては、ポジティブな反応を返します**。逆に、それを止めたいときには、ネガティブな反応を返せばよいのです。これも「そそのかし」と「追い込み」の技の一種です。

ただし、どんなやり方を取ろうが、面倒なことに変わりはなく、相手に本気で関わろうと思わないとできません。また、その覚悟が相手の心を動かします。

中途半端にしかやれないのなら、「あ、そう」「ふ〜ん」と言って取り合わないのが一番です。肯定も否定もせずに。

私たちは、どうしても少数の問題行動を起こす人に意識が行きがちになります。ところが、もっとたくさんの協力的な人がいます。そちらに目を向けたほうが得策です。そういう人を仲間にして、みんなの力で対処していくようにしましょう。

☞ランクの力を見落とさないように

　問題児の中には、**ランク**の力による「内面化された抑圧」のせいで、無意識にやっているケースがあります。不当な抑圧を受けている、大切に扱われていない、無視や排除され続けてきた、といった気持ちが問題行動を引き起こしている可能性があるのです。

　人は、年齢、性別、地位などによって心理的・社会的にランクづけられています。意識する／しないにかかわらず、厳然とした力の差があります。

　ランクの高い人は、**ランクの力が抑圧的に働いていることに気づきません**。普通に接しているつもりでも、相手を恐れさせて、抑圧していることが分かりません。逆にランクが低い人は、無意識にランクの高い人に挑戦しようとしてしまいます。ひとりの人間として正当に扱われることを求めようとするのです。

　残念ながらランクへの良い対処法はありません。心の中で起こっていることを素直に表に出すくらいです。

　そうはいっても、人と人の関わりには何らかのランクの力が働いていることを知っておけば、言動を読み解く際の助けになります。ランクが原因で対立や論争が起こることが意外に多いものです。

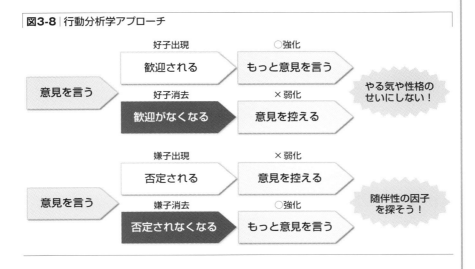

図3-8 行動分析学アプローチ

好子出現　　　　　　　　　　○強化
歓迎される　　　　もっと意見を言う
意見を言う　　　　　　　　　　　　　　　　やる気や性格のせいにしない！
好子消去　　　　　　　　　　×弱化
歓迎がなくなる　　　意見を控える

嫌子出現　　　　　　　　　　×弱化
否定される　　　　　意見を控える
意見を言う　　　　　　　　　　　　　　　　随伴性の因子を探そう！
嫌子消去　　　　　　　　　　○強化
否定されなくなる　　もっと意見を言う

Column-3◉ロジックは問題解決の基本ソフト

　発言の真意をみんなが正しく分かち合えれば、話し合いの目的の半分は達成したと言えます。もう半分は、そこから意見やアイデアをぶつけ合って、全員が納得できる結論を得ることです。

　"属人性"が高いのが私たち日本人の話し合いです。「何が正しいか？」ではなく「誰がどう言ったか？」が重要な要素となります。そのため、目上の人や声の大きい人が会議をリードします。反論しても、「空気を読め」「立場をわきまえろ」「私の顔に泥を塗るのか」と意味不明の説得をされてしまいます。これでは衆知を集めようがありません。

　そもそも議論とは、ヒトや力関係（権威・権力）によらず、どの考えの筋が通っているかで決着をつけるべきものです。互いの論理と論理をぶつけ合い、もっとも筋道の通った答えを選び取る。あるいはみんなで筋道の通った答えをつくり上げていく。論理をベースにした**ロジカル・ディスカッション**こそ望ましい形です。

　そうすれば、複雑な事象を扱えるようになります。論理を使って問題の筋目をひも解けば、困難な問題に立ち向かうことができます。しかも、物事の急所を鋭くとらえた、本質的な解決策を導けるのがロジックのよいところです。

　言葉や文化は違っても、筋道の立て方は万国共通です。論理を軸にすれば、説得力のある議論が展開でき、結論に対する納得感が高まっていきます。論理こそが問題解決のOS（基本ソフト）なのです。

　だからといって、論理を巧みに操れる頭のよい人の意見が正しいとは限りません。頭のよい人もそれなりの人も、同じ土俵で戦えるようロジックの橋渡し役をするのがファシリテーターの務めです。

　ときには、「理屈じゃないんだ」と論理を真っ向から拒否する輩が現れます。目には目を、歯には歯を。そんな人には「私の顔を立てて、ここはロジックでいかせてください」と"情"に訴えるようにしましょう！

参考：堀公俊、加藤彰『ロジカル・ディスカッション』（日本経済新聞出版社）

第 4 章

考えを広げる
Expansion

意見を広げる

初級編

1-1 芋づる式にアイデアを引き出す

☞良いアイデア一発ですべてが片づく

コンテンツはプロセスを凌駕する。ファシリテーターの間で言われている話です。

いくら緻密なプロセスに従って議論をしても、最終的な答えが陳腐なものでは意味がありません。逆に、プロセスがいい加減でも、素晴らしい意見が出てまとまるのなら、プロセスのまずさはすべて帳消しになります。

実際、**合意形成がなかなかできないのは、良いアイデアが出ないから**、とも言えます。誰もがうなるアイデアが一発出れば、「それだ！」「待ってました！」とばかり、一気にみんなの気持ちがひとつにまとまります。アイデアがすべてを解決してくれるのです。

といっても、意見やアイデアを出すのはファシリテーターではありません。やるのは、あくまでもお手伝いだけです。

意見を生み出しやすい場をつくり、生まれた発想を縦横無尽に広げ、意見と意見の連鎖をつくっていく。そうやっているうちに、相互作用が高まって、思いもよらないアイデアが得られます。

☞アイデアを生み出す原理がある

ファシリテーターがどうやって参加者の発想を広げるのか。具体的な方法を

述べる前に、アイデアを生み出す基本原理をいくつか紹介します。

　アイデアとは「既存の要素の新しい組み合わせ」(ジェームス・W・ヤング『アイデアのつくり方』)と言われています。既存の要素、すなわち情報や知識が多いほど、アイデアが出やすくなります。テーマに熟知したメンバーを集め、事前に現場に足を運んで生の情報を蓄積してもらう。それが良いアイデアを生み出す秘訣です。

　ただし、同質的なメンバーを集めたのでは、ソコソコ平均点は取れても、ユニークなアイデアが生まれにくくなります。逆に、異質性の高いメンバーを集めると、アイデアの幅が広くなり、ロクでもないものが出てくる半面、突拍子もない発想が生まれる可能性があります。**革新的なアイデアを狙うなら、メンバーの多様性が重要**となります。

　また、アイデアは、既存の要素をどれだけたくさん組み合わせたかが勝負です。思いつく限りのアイデアを出して、その中で良いものを絞り込んでいきましょう。最初から完全なアイデアを出そうと思わず、思いつきや仮説で構いません。それが使えるかどうかは、後でゆっくり熟成や検証をすればすむ話。そうやって、思考に緩急をつけていくことが、良い発想を生むコツです。

図4-1 | アイデアの原理

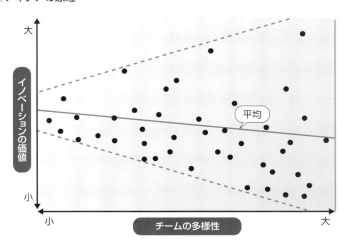

☛物事は限定したほうが考えやすい

意外に思われるかもしれませんが、意見やアイデアは考える範囲を少し限定したほうが生まれやすくなります。たとえば、まったく自由に「幸せになるには？」と問われても、すぐに意見は出てきません。範囲が広すぎると、どこから考えてよいのか迷ってしまうからです。

ところが、「日本のサラリーマンが幸せに仕事をするためには？」なら、多少なりとも思いつきます。何かトリガー（引き金）や切り口がないと、問題が大きすぎて考えにくいのです。

この話は、第3章の質問のテクニックと重なります。意見を引き出したかったら、テーマそのものを少し絞り込んでおきましょう。その上で、出てきた意見を手掛かりにして、発想を広げていけばよいのです。

F　日本のサラリーマンが幸せに仕事をするためには？
M　やっぱり、上司に恵まれることじゃないですかね。
F　それも1つですね。他にありませんか？　あと3つくらい。

☛細かくパスをつないでいく

意見を広げるときに、漠然と「何かありませんか？」と言われるより、キッカケがあったほうが考えやすくなります。一番簡単なのは、今ある意見をヒントにすることです。連想ゲームのように、芋づる式に引き出そうというのです。

A　私は現時点で撤退するのは時期尚早だと思います。
F　なるほど。では、同じ意見の方はいませんか？
B　私もAさんと同意見で、まだ頑張れると思います。（同意見）
F　何か付け加える点や広げられる点はありませんか？
B　ただ、撤退の準備はしておく必要はあるかと。（追加・修正）
F　では、これとはまったく逆の意見があったら、どうぞ。
C　私はそうは思いません。今でも遅すぎるくらいです。（反対意見）

こうやって発言を回していくことを**リレー質問**と呼びます。

慣れないファシリテーターは、どうしても自分でボールを持つ時間が長くなります。ボールを参加者に渡してもまた自分のところに戻し、１対１のやりとりが多くなります。それでは相互作用が生まれにくくなります。

参加者から戻ったボールは、なるべく別の参加者に回しましょう。パスを回しているうちに、思わぬアイデアが生まれてきます。いつ誰にどんなボールを出すのか、いわばパス回しの司令塔がファシリテーターです。

☛まずは仲間を探してみよう

同じ意見なら話がしやすく、そこから意見の追加も容易です。同じ意見の人がいると、最初に述べた人も「１人じゃないんだ」と安心できます。ひとまず同意見の人に振るのはファシリテーターの常套手段です。議論に限らず、研修での質疑応答でも使え、ぜひ覚えてほしい技のひとつです。

M　会議の準備のコツを教えてください。
F　関連の質問があったらお受けしますが、どなたかいませんか？
M　全般的にもう少し丁寧に説明してもらえないでしょうか？
F　あれ、そうですか。同じように感じている方はいますか？

図4-2｜リレー質問

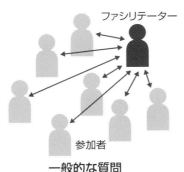
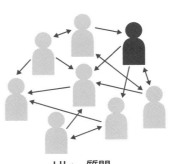

ファシリテーター

参加者

一般的な質問　　　　　　リレー質問

1-2 既に出ている意見から広げていく

☛枝を伸ばして発想を広げる

　既に出ている意見やアイデアから広げていくには、2通りのやり方があります。1つは、既にある意見をヒントに次の意見を思いつき、連想ゲームのようにどんどん広げていく方法です。

> M　新たに中国人の買い物客を狙ったらどうだろうか。
> F　いいですね。その場合はどんな商品が適しているのですか？
> M　化粧品がメインだろうけど、高品質のものなら何でも。
> F　高品質と聞いて、思いつくものは何がありますか？

　このときに、元にする意見から関連する意見を"芋づる式"に出すのでもいいし、中国、東南アジア、インドと派生系を"しらみつぶし"に出すのでも構いません。木が枝を広げるように意見を引き出すのが、このやり方です。マイ

図4-3│幹と枝（マインドマップ）

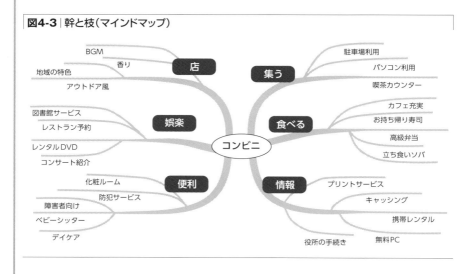

ンドマップを使って記録すると、広がっていく様がよく分かります。

☛幹を立てて方向転換を図る

ただし、こればかりやっていると、いずれあらぬ方向に議論が行ったり、出し尽くして行き詰まってしまいます。そんなときは、まだ意見を出していない領域を探し出します。いわば、新たな太い幹（切り口）を立てて方向転換を図るのです。そこからまた連想ゲームが始められます。

M　ウ〜ン、新規獲得の方法は出尽くしたような……。
F　では、新たな客を掘り起こすのではなく、お得意様にもっと買ってもらう方法だったら、思いつきますか？
F　では、ヒトやモノではなく、コト系のアイデアはありませんか？
F　顧客の視点はほぼ出たので、今度はライバルの視点でいきましょう。

「枝を伸ばす」のと「幹を立てる」の２つのやり方を組み合わせれば、どこまででも意見が広げられます。

難しいのは、どちらの方向でやるかの判断です。枝が出尽くしていないのに次の幹を出してはもったいないです。逆に、枝が出尽くしたのに、いつまでも幹を立てないと、苦しい時間が続くだけです。参加者の言葉や非言語メッセージに注意を払い、臨機応変に対応するしかありません。分からなければ、直接尋ねるのもよい方法です。

F　もう少し○○系で粘りますか？　それとも△△系に変えますか？

☛判断を保留してどんどん出す

こうやって連想ゲーム式で意見やアイデアを出すときに大切なのは、判断を保留することです。

このやり方では、役に立たないアイデアもたくさん出てきます。ところが、それらを「使えない」「ありえない」と安易に却下してしまうと、せっかくつ

ないだ連想の糸が途中で切れてしまいます。

　そのアイデアが使えなくても、そこから次のアイデアが出てくれば十分。連想ゲームの果てに1つでも良いものが出ればよく、その他すべてはアシスト役です。それを一々難クセをつけていては、アイデアを広げられなくなります。

　それに、せっかく考えた意見を頭から否定されたのでは、言う気が失せてしまいます。そんなことをしていたら、誰も何も発言できなくなります。

　意見を出す**発散**のステージでは、批判や評価は厳禁です。それは、意見を絞り込む**収束**のステージでやりましょう。そのときが来るまで、判断を保留するようにするのが賢いやり方です。

　ファシリテーターとしては、どんなくだらない意見も受け止めて、「発言した」という行動を勇気づけます。思考の壁を打ち破る奇抜なアイデアこそ、「よくやった！」とみんなで歓迎するべきです。逆に、批判が出たらさらりとかわし、発散に貢献するように促します。

　A　ねえ、飛行船を借りて空から宣伝するのはどう？
　F　ありがとうございます。勇気を持って発言していただき嬉しいです。
　B　そんなのありえないよ。
　F　その話は後でやるとして、これをヒントに他に考えられませんか？

　良いアイデアを出そうとすると、誰しも考え込んでしまいます。たくさん出そうとすれば、ハードルが下がって気軽に発言できます。量は質に転化します。一発ホームランではなく、ヒットをつなげることを狙うのです。

　おそらく、はじめのうちに出てくるのは、誰もが思いつくありきたりのものばかりでしょう。そこから粘り強くアイデアをつないでいるうちに、思わぬ発想が生まれてきます。たくさん出すことで、使えないアイデアが大量生産されますが、不良品の山の上にしかキラリと光るアイデアは生まれてきません。

　「もう限界」と諦めたり、「こんなものでいいだろう」と妥協したりせず、最後までメンバーを励ますことが大切です。

　F　目標まで残り10個。さあ、あと5分だけ頑張りましょう。

1-3　視点を広げ、制約を取り払う

☛抽象度を動かしてスケールを変える

　そうはいっても、やっているうちに意見が広がらずに行き詰まるケースがよくあります。そんなときの対処法がいくつかあります。

　1つは、既に出た意見を点検して、まだ広げられるものを見つけて、展開していくやり方です。そのときに重宝するのが、第3章2-3「筋道から真意を明らかにする」でも紹介した、話の抽象度を変える方法です。

　荒っぽい意見はどんどん細かく砕いて、より具体的にしていきましょう。

> F　では、先ほど出た「新しいポイント制度」から展開していきましょう。たとえば、もう少し詳しく言うとどうなりますか？（具体化）
>
> M　ポイントがたまったら金券に交換するとか……。
>
> F　なるほど。金券への交換以外に考えられませんか？

　逆もできます。一度、話を抽象化してから具体的なものに戻すやり方です。要点や目的といった上位レベルに話を引き上げてから、具体策や手段を尋ねるのです。発想の壁を打ち破り、革新的なアイデアを考えるときにも使えます。

> F　「新しいポイント制度」って、要は、どんな効果を狙っているのでしょうか？（抽象化）
>
> M　つまり、リピーターのお得感を高めようという話じゃないの。
>
> F　では、その目的は、他にどういう手段で達成できますか？（具体化）

☛切り口を変えて視点を転換する

　抽象度を振るのが縦の展開なら、横に展開するのが視点（切り口）の転換です。既に出ている意見を違った視点で眺めることで、新たな発想を得ようとい

う作戦です。男性→女性、日本→グローバル、短期的→長期的、CS→ESといった具合に視点をシフトさせていきます。

> F　他の視点で考えられませんかね。何か新しい切り口は？
> F　では、さっき出た「新しいポイント制度」から展開していきましょう。これを若い女性の視点で考えるとどうなりますか？

　視点の振り方としては次の4つを覚えておくと、どんなときでも役に立ちます。行き詰まったら、とりあえず4つのどれかをシフトさせてみましょう。

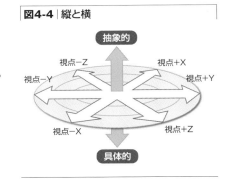

図4-4｜縦と横

①人間：利害関係者、役割、立場
②空間：場所、スケール、位置
③時間：時制、スパン、時刻
④目的：狙い、目標、意図、関心

☞仮定の話で制約を取り払う

　アイデア出しが行き詰まっているのは、暗黙の前提が制約となって発想を妨げているのかもしれません。そういうときは、仮定の話がハードルを下げるのに役に立ちます。先ほどの4つの視点を組み合わせるとこうなります。

> F　もし、我々が顧客だとしたら、何を一番に望みますか？（人間）
> F　仮に、中国で大々的に販売するとしたら、どうしますか？（空間）
> F　もし、この商品が最後だとしたら、何を盛り込みますか？（時間）
> F　仮に、利益最優先で考えるとしたら、何を削りますか？（目的）

　究極の形が**ミラクル・クエスチョン**です。すべての制約や限定を取り払い、現実離れした奇跡的な状況を仮定してアイデアを考えます。

F　想像してみてください。もし、あなたが何でもできるとしたら、何をしますか？

F　仮に、奇跡が起こって一夜にして問題が解決したとしたら、どんなうまい手を使ったと思いますか？

F　もし、この大失敗が、将来の大きな成功のキッカケになったとしたら、どんな点が役に立つと思いますか？

このように問いかければ、目の前にあった一切の障害物がなくなり、視野がグッと広がります。ここぞというところで使ってみてください。

☛タブーを打ち破る見本を示す

ときには「これは踏み込んではいけない」といったタブーが邪魔して意見が出ないことがあります。たとえば、品質第一主義を徹底するあまり、過剰品質を招いてコスト高となっているとします。にもかかわらず、金科玉条になって誰も指摘できない、といったような状況に陥っていると。

こんなときは、ファシリテーター自らがタブーを打ち破るアイデアを出すのが一番の方法です。これも第3章2-1で紹介したモデリングの技のひとつです。心のハードルを下げる効果が期待できます。

F　いらないものをカットしたらいいんですよ。どうせお客には分からないんだし。これって、ヤバいアイデアですか？

F　もし、私が品質を少々落とすアイデアを出したら、皆さんどういう顔をされますか？

一般にファシリテーターは意見を出しませんが、誘い水として例示をしたり、気づかない選択肢を示す分には問題ありません。

ただし、目の覚めるようなアイデアを出してハードルを上げては逆効果になります。落としどころを示すのも避けなければなりません。できるだけくだらないアイデアを出して、呪縛から解き放してあげましょう。

思考を広げる

中級編

2-1 ロジカルに思考の壁を打ち破る

☞個人や集団がこだわっている思考の壁

　意見が広がらない原因は、一言でいえば頭が固い、つまり思考の柔軟性が足りないからです。同じパターンの思考を繰り返していると、違うパターンで物事が考えられなくなってしまいます。知らず知らずのうちに考え方に壁ができてしまい、乗り越えられなくなるのです。

　これは誰もが持っている**思考の壁**です。自分１人で打ち破るのは難しく、**違う考えを持つ他者とぶつかり合うのが最善の方法**です。それこそが議論であり、互いの壁を壊すためにあるのです。

　一方、それだけでは崩しにくいのが、集団が持っている思考の壁です。たとえば、同じ会社に勤める人たちで議論をしても、企業特有のモノの考え方から抜け出るのは容易ではありません。日本人同士で議論をしても日本人ならではの思考のクセに気づくこともありません。だからこそ、メンバーの多様性が大切なわけです。

　とはいっても、いつも他の会社の人や外国人を呼ぶわけにはいきません。自ら思考の壁を打ち破るにはどうしたらよいでしょうか。

☞要素に分解すれば考えやすくなる

　そのために活用したいのが、本書で何度も出てきたフレームワークです。

復習すると、フレームワークとは考え方の枠組みです。物事を考える視点をセットにしたものです。うまく使えば、バランスよく検討が進められます。

　やり方は並列型のアジェンダと同じです。検討しているテーマをフレームワークで分解して、細かいアイデアを出していくのです。

　たとえば、「どうやったら売上を増やせるか？」を議論していたとしましょう。そのためのアイデアを〈質・量〉のフレームワークを使って、「販売量を増やす」「単価を上げる」に分けます。さらに「販売量を増やす」のアイデアを、〈新・旧〉のフレームワークを使って、「新たな顧客を見つける」「既存顧客を攻める」に分けます。

　こうやってテーマを細かい要素に分けて検討していけば、普段考えないようなものまで含めて網羅的に考えることになります。思考のヌケモレや偏りをなくするのに最適な方法です。思考が行き詰まったら要素に分けて考える。ぜひ覚えてほしいテクニックです。

　M　そう言われても、すぐには思いつかないですねえ……。

図4-5 ｜ フレームワークで分解する

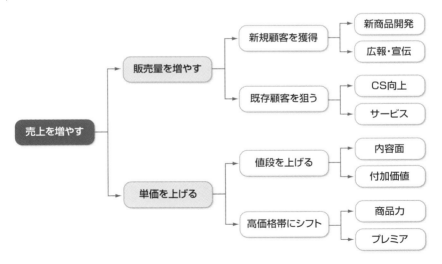

F　では、そもそも、この話を大きく分けるとしたら、何と何に分けられ
　　ますか？　少し粒を小さくして考えていきませんか？

☛アイデアを生み出す切り口を投げかける

　なかには、アイデアを生み出すために開発されたフレームワークもあります。
　一例を挙げると、経費削減や効率アップなど何かを改善するアイデアを出す
機会があります。そんなときは、余分なものや重要でないものを「排除」する
ことを考えると、効果の高い案が得られます。その次に、重複していたり、バ
ラバラになっているものを「統合」するアイデアを考えるようにします。
　これが、ECRS（Eliminate:排除、Combine：統合、Rearrange：交換、
Simplify：簡素）と呼ばれるフレームワークです。わざわざ自分で考えなくて
も、アイデアをひねり出すための一般的な切り口があるのです。
　こういったやり方を**強制発想法**（チェックリスト法）と呼びます。使い方と
しては、ファシリテーターが切り口をチェックリストとして持っておき、行き
詰まったときにメンバーに質問するようにします。

F　効率アップのために、削減できる工程はありませんか？　あるいは、
　　重複している作業を１つにできませんかね？

図4-6｜アイデア発想のフレームワーク

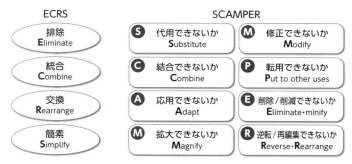

2-2 クリエイティブに発想を広げる

☛異なる要素を組み合わせて考える

　思考の壁を越えるのに、ひらめきや偶然を使う方法もあります。一番簡単なのが、要素同士を組み合わせて考えてみることです。意外な組み合わせから新たな発想が生まれてきます。電話＋PC＝スマホといったように。

> F　では、これらのアイデアの中で、組み合わせれば新たな価値を生むものはありませんか？

　うまい組み合わせが見つからなかったら、片っ端から組み合わせてみましょう。そうやって、ありとあらゆる組み合わせを試してみるのです。
　一方、ずらして組み合わせる、という手もあります。たとえば、新しい旅行のスタイルを考えているとしましょう。旅行をいつ、誰が、どこに、どうやっての要素に分解します。その上で、それぞれの要素のバリエーションを考え、要素同士の新しい組み合わせをつくるのです。
　あるいは、切り口を組み合わせるという手もあります。たとえば、旅行のスタイルを考えるのに、距離（遠・近）と時間（古・今）の切り口を組み合わせてみます。〈遠・古〉〈遠・今〉〈近・古〉〈近・今〉の4通りでアイデアを出すのです。

☛類推力で新たなひらめきを生み出す

　一見、まったく関係ないものと組み合わせるのも思考の壁を打ち破る良い方法です。ありえない組み合わせのほうが斬新な発想を生みやすくなります。
　たとえば、旅行を考えるのに、ディナー、本棚、はさみ、象、ガンといったランダムな言葉と組み合わせてみて、何かアイデアが生まれないかを考えるのです。組み合わせる言葉はネットや辞書からランダムに選ぶようにします。
　なぜ、これらの方法でうまくいくかといえば、人には物事を関連づけたり、

結びつけて考える力が備わっているからです。**類推力**と呼びます。これがあるために、まったく偶然に組み合わされたものから、新たなひらめきが生まれるのです。"なぞかけ"は、まさにこの力を利用した遊びです。

> F　では、効率アップ策を考えるのに、"ディナー"をキッカケにしてみましょう。これから何かヒントは得られませんか？
> M　食卓のように、デスクの上になるべくモノを置かないのはどう？

☞類似のものから原理を借用する

　鍋料理の定番しゃぶしゃぶは、大阪のある料理店で仲居さんが汚れた布巾をお湯につけて洗う様からヒントを得たと言われています。
　一見、遠いように見えるものでもどこかに共通点があり、原理やメカニズムを転用することができます。これを**アナロジー（類推）発想**と呼びます。要は、真似る手本を見つけ出して、そこでおこなわれていることの用途を転じて、上手に移植してしまおうという作戦です。

> F　経費削減って、結局、ムダなものをできるだけ減らそうという話ですよね。同じようなものはありませんか？
> M　うちの町ではゴミの削減運動をやっていますけど。
> F　そこでやっていることを、我々の経費削減に活かせませんか？

　とはいえ、あまり遠いものだと転用を思いつくのが大変。かといって近すぎると発想が広がりません。一見遠いようでも実は近い、といった良い頃合いのアナロジーが見つかるかがポイントとなります。

☞イメージを使って発想を広げる

　言葉や論理を扱う左脳ではなく、ときには感性やイメージを扱う右脳を使うのも良い方法です。言葉で表現するのが苦手な人でも、ビジュアルなら思いが伝えられるかもしれません。右脳と左脳を適宜切り替えれば、メンバーの持つ

力を余すことなく活用できます。

　たとえば、チームの10年後のビジョンを話し合っていたとしましょう。言葉でやりとりすると、「全員が輝くチーム」といったありきたりの言葉が出てきがちです。言いたいことは分かるのですが、具体的なイメージがつかめず、自分たちの理想の姿を表現するには何か物足りません。

　こんなふうに行き詰まったときは、イメージの力を借りるのが一番です。10年後に、ビジョンが実現したときの1シーンを、みんなで1枚の絵にしてみるのです。物語をつけてストーリーボード（絵コンテ）にするという手もあります。このほうが発想も広がり、目指すものが直観的に理解できます。

> F　皆さんが持っているイメージを何かにたとえると何が近いですか？

　絵を描くのが苦手だったら、こんなやり方もあります。大量の写真や絵ハガキを並べて、直観的に10年後のイメージに近いものを選び、そこからアイデアを膨らませるのです。

☛五感の力で発想を膨らませる

　話し合いはどうしても言葉やイメージのやりとりが中心になります。聴覚と視覚に偏ってしまうのです。せっかくなら、嗅覚、味覚、触角なども活用して、思考の壁を打ち破るのに役立てていきましょう。

　議論の行き詰まりを解消する1つの方法は、**場を変えること**です。たとえば現場に行って、現物を見たり触れたりして、五感をフルに働かせて現実を知れば、発想の大きな刺激が得られます。会議室でガタガタ議論するよりはよほど生産的です。

　ある程度アイデアが固まったら、カタチにしてしまうのも良い方法です。たとえば、商品のアイデアを考えているのなら、ラフな試作品（**プロトタイプ**）をつくり、ユーザーがどういう経験をするかを実際に味わってみましょう。

　実際に手を動かしてモノづくりをすると、いろいろアイデアが湧いてきます。経験を通じて分かることも多くあります。それらが次の発想の種になっていくに違いありません。

2-3 大胆に考え方の枠組みを転換する

☞リフレーミングで巧みに切り返す

思考を広げるのを邪魔しているものの１つにネガティブな感情があります。「私は素人（門外漢、頭が固い……）だからアイデアが出せない」といったものです。

人によって知識の量や発想力に差があるのは仕方ありません。困るのはそれを言い訳にして、思考を停止してしまうことです。

F　これに対して、どんなアイデアをお持ちですか？
M　素人の私には、何も思いつきません。

これで引き下がっていたのでは、ファシリテーターの名がすたります。素人だといつもアイデアが出せないのでしょうか。素人だからこそ出せるアイデアはないのでしょうか。

そんなふうに、ネガティブな点がポジティブに作用する状況を考えてもらいましょう。こんな切り返しをして。

F　素人だからこそ、今のようにアイデアに行き詰まったときに、斬新な視点が出せるのですよ。ぜひ、それをお願いします。

これを状況のリフレーミングと呼びます。**リフレーミング**とは、物事を考えるフレームを反転させる技です。ネガティブなフレームで見ていた短所をポジティブなフレームでとらえ直して、長所にしてしまおうというのです。

ネガポジのリフレーミングにはもう１つのやり方があります。短所の中に長所の要素がないかを考えるのです。言葉を言い換えることで意味づけを変えることから、意味のリフレーミングと呼びます。

M　すみません。私は素人だから何も浮かびません。
F　素人というのは、余計な先入観が少ないということですよ。ぜひ、そういった意見を披露してください。

リフレーミングはファシリテーターにとって欠かせないテクニックです。こんなふうに巧みに切り返すことで、メンバーの力を引き出せます。

☛すべては言い訳にすぎない

もう1つリフレーミングの応用例をご紹介しましょう。

思考の壁の中でやっかいなのが「できない」「無理だ」「ダメに決まっている」と思っている**諦めの壁**です。自分で勝手に思い込んで、行動にブレーキをかけているのです。

F　では、明日からこれをお願いしますね。
M　時間がないから無理です。

やはり、これで引き下がるわけにはいきません。「時間がないから無理」というからには、時間があればやれるわけです。問題はどうやって時間を増やすかです。仕事の優先順位を変えれば時間が増えるかもしれません。誰かが手伝ってあげることで時間が生まれる場合もあります。それを指摘すれば諦めの壁が打ち破れます。

M　時間がないから無理です。
F　では、時間があれば、やれるわけですね？
F　仕事の優先順位を変えれば、時間は生まれますか？
F　誰にどう助けてもらったら、時間ができますか？

「権限がない」「お金がない」「自分にはできない」「やり方が分からない」「やる気にならない」といった言い訳も、全部リフレーミングできます。鋭く切り返して、諦めの壁を粉砕してしまいましょう。

☛ どうにかなるものにフォーカスする

アジェンダのところで述べたように、解決できない問題を議論しても時間の
ムダです。たとえば、「どうやったら死なずにすむか？」は解決できない問題
です。「どうやったら充実した人生を過ごすことができるか？」と問題を変え
れば、少なくとも解決の可能性があります。自分の努力や選択でどうにかなる
からです。

こうやって考えていくと、私たちは解決できないことで悩んだり議論したり
することがよくあります。他人、過去、運、運命、環境、事実といった、コン
トロールできないものに目が行きがちになるのです。

自分でコントロールできるのは、自分、未来、選択、反応、認知です。そう
やって、問題そのものをリフレーミングすれば、解決に向けての新たな発想が
生まれてきます。

どうしようもないものは、どうしようもありません。どうにかなるものは、
どうにかなります。そのことを忘れないようにしましょう。

M　どうして部長は分かろうとしないんだ？（他人）
F　どうやったら部長に分かってもらえますか？（自分）

M　なぜ、あのときにそう言ってくれなかったんだ？（過去）
F　次にやるときにどうしたらよいと思いますか？（未来）

M　どうやったら想定外をなくすことができるのか？（運・運命）
F　想定外に対処する力は、どうやったら身につきますか？（選択）

M　日本の景気はもっと良くならないものか？（状況）
F　景気の鈍化に応じて、どんな手が打てますか？（反応）

M　なぜ、私はこんな目に遭わなければいけないんだ？（事実）
F　この事実をどう受け止めればよいのでしょうか？（認知）

Exercise-3◉思考を広げる力を高めよう!

　意見を広げていく方法はたくさんあります。その場のムードや流れを判断しながら、臨機応変に使い分けていかなければなりません。

　次の会話の中で、どの発言にどのような働きかけをすれば、アイデアが広がっていくでしょうか。できるだけたくさん挙げてみてください。

　A　朝礼をチームづくりに活用したいんだけど、何か妙案ない?
　B　3分間スピーチはどうかな?　ほら以前にやっていたじゃないか。
　C　え、またあれ?　結局、うまくいかなくて止めたじゃないの。
　B　だったら、感謝したい人に「ありがとう」を伝えるのは?
　C　それも気恥かしいなあ。朝らしい、もっと元気の出るものは?
　A　みんなで大声を出そうか。歌でもいいし標語でもいいし。
　C　そんなの勘弁してほしいわ。私、低血圧なんだから……。
　B　じゃあ、Cさんはどういうのだったらいいの?

【解説】いろいろアイデアが出ているのですが、単発で終わっていて、思うように広がっていかないのが残念です。3分間スピーチや感謝の言葉がすぐにボツになってしまいましたが、「何を」「誰が」「どうやって」話すのか、しらみつぶしに考える手があります。

　「大声を出す」というアイデアが出たなら、「小声を出す」(ひそひそ話をする)という逆はありえないでしょうか。いっそのこと〈大声−小声〉〈長い−短い〉のマトリクスで考えるという手もあります。

　加えて、「朝だから」「時間がないから」と勝手に制約をかけていることが気になります。一度取っ払って、「チームづくりに何ができるか?」を考えたほうが、アイデアが膨らむかもしれません。

　こんなふうに、自分だったらどうやってアイデアを広げるかを考えながら、議論に参加すると、頭の良いトレーニングになります。

メンタルモデルを広げる

上級編

3-1 硬直化した思考の筋道を点検する

☛合理的でない信念を打ち破ろう

　アイデアや考え方を広げる際に、一番の障害になるのが個人や集団が持っている暗黙の前提です。**固定観念**や思い込みといったほうが分かりやすいかもしれません。それを打ち破れば、問題解決も合意形成も格段に楽になります。

　固定観念の壊し方については、さまざまなやり方が提唱されています。どれがベストというのは言い難く、一通りの方法を覚えておいて、やはり臨機応変に使い分けられるようになるしかありません。

　はじめに覚えてほしいのが、心理学者Ａ.エリスが提唱する**論理療法**の考え方です。

　たとえば、会議で「企画部はもっとよい戦略をつくれないのか」と不満をぶちまけている人がいたとしましょう。それが正論であっても、「なぜ、こんなくだらない案しか出てこないんだ」「こんな奴と一緒に仕事しても意味がない」「企画部をぶっつぶしてコンサルを雇おう」となったら行き過ぎです。

　こうなる大元は、「企画部は優れた戦略をつくるべきだ」という暗黙の前提があるからです。このように多くの固定観念は**「〜ねばならない」「〜べきである」「〜に違いない」「〜のはずである」**といった表現を取ります。英語で言えばMustやShouldです。

　ところが、現実の社会に絶対に正しいことなんてありません。あったとして

も、100%や0%を証明するのは極めて難しいです。必ずどこかに例外や抜け道があります。暗黙の前提の多くは極めて**非合理的な信念**なのです。

せいぜい言えるのは、**「〜のほうがよい」「〜かもしれない」「〜とも考えられる」「〜になってほしい」**です。英語でいえばMay、Can、Willです。

戦略づくりの話にしても、企画部が手際よくつくるべきですが、いつもそうとも限りません。つくってほしいと願っても、思うようにできないこともあります。そう考えるほうが、よほど合理的ではないでしょうか。

暗黙の前提を打ち破れば、「戦略が出てこない」という現実は変わらないかもしれませんが、悩みは解消できます。そのためには、こんな問いかけをして、非合理的な信念を合理的な信念に換える必要があります。

M　企画部はもっと良い戦略をつくれないのか。
F　それって事実に基づいた、現実と矛盾のない考えですか？（現実性）
F　それは、筋が通った考えになっていますか？（論理性）
F　それは、いついかなる場合も絶対に成り立つ考えですか？（硬直性）
F　仮にそうでないとしたら致命的なことになるのですか？（影響度）
F　そう考えることが誰かの得になりますか？（効果）

うまくいけば、「戦略がなくても死ぬわけではない」「そんなことにこだわるよりは、本来やるべきことをやろう」と考えがスイッチできます。「企画部を

図4-7 ｜不合理な信念を打ち破る

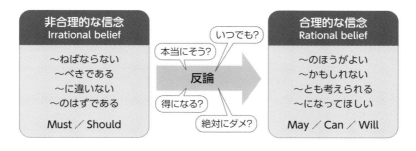

つぶす」という破壊的な行動ではなく、「企画部の戦略立案に協力しよう」といった建設的な行動にチェンジできるかもしれません。

☛推論のプロセスを検証する

一方、組織学者のP.センゲは、考え方の筋道を点検することで固定観念を打ち破ろうとします。氏が提唱する「学習する組織」では、暗黙の前提や固定観念を**メンタルモデル**と呼びます。それを打ち砕くツールとしてよく知られているのが、組織学者C.アージリスの**推論のはしご**です。

私たちは「真実は明らかである」「信念は真実に基づいている」「自分の信念は正しい」と考えています。ところが、大元になる事実にしても、数ある事実の中から自分が選んだものです。そこからして自分の関心や嗜好が入っています。

しかも、事実を解釈して、意味づけし、推論を重ねて、最終的に「○○に違いない」という判断に至ります。そういった経験を積み重ねていくうちに、「○○は絶対に正しい」というメンタルモデルができ上がります。

一度でき上がってしまうと、一連のプロセスをすっ飛ばして、反射的に結論を出してしまいます。

そんな人同士が議論しているのですから、かみ合わないのは当然です。いくらやっても最終的な結論をぶつけ合うだけで、新たな考えも生まれてきません。

それを避けるには、本来あるべきプロセスに戻り、1つひとつのステップが正しいかどうかを検証するしかありません。事実から結論に至る"梯子"を上り下りするのです。

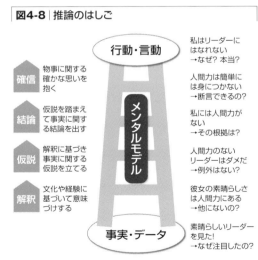

図4-8│推論のはしご

行動・言動

確信　物事に関する確かな思いを抱く

結論　仮説を踏まえて事実に関する結論を出す

仮説　解釈に基づき事実に関する仮説を立てる

解釈　文化や経験に基づいて意味づけする

メンタルモデル

事実・データ

私はリーダーにはなれない
→なぜ? 本当?

人間力は簡単には身につかない
→断言できるの?

私には人間力がない
→その根拠は?

人間力のないリーダーはダメだ
→例外はない?

彼女の素晴らしさは人間力にある
→他にないの?

素晴らしいリーダーを見た!
→なぜ注目したの?

F　その話はどんな事実に基づいているのでしょうか？
F　それは誰が見てもそうだと認める内容ですか？
F　そのように解釈した理由を教えてもらえませんか？
F　どんな推論を重ねてそのような判断になったのですか？
F　その事実から言えることは他にありませんか？
F　必ずしもそうとは言えないんじゃないでしょうか？

☛メンタルモデルが問題をつくり出す

　私たちが持っているメンタルモデルは、問題をつくり出す大元になっています。そのメカニズムを、学習する組織では**氷山モデル**で説明をします。覚えておくといろんな場面で役に立ちます。

　私たちは、実際に見えている目の前の出来事にとらわれがちです。いわゆる氷山の水面上にある部分です。

　事実を正しくとらえることは大切ですが、裏にあるパターンやトレンドを見ることが、問題の本質を見つけるために欠かせません。どんなことが繰り返されているか、どんな傾向や変化が見て取れるか、水面下の見えない部分を考えるのです。

　同じパターンが繰り返されるのは、引き起こす構造があるからです。構造的な問題がパターンやトレンドに影響を与えているのです。

　構造をつくり上げる元になっているのがメンタルモデルです。前提となっている信念や価値観が問題をつくり上げています。それを壊さないと、構造もパターンも変化させられず、ひいては出来事が良い方向に変わらなくなってしまいます。

F　具体的にどんな出来事が起こったのでしょうか？
F　どんなパターンが過去に繰り返されているのでしょうか？
F　どんな構造がパターンやトレンドを生み出しているのでしょうか？
F　どんなメンタルモデルがその構造をつくり出していますか？

3-2　固定観念の反証や例外を探し出す

☞固定観念を少しだけ緩めてみる

　ここまで述べてきた方法は、どちらかといえば理屈（論理）を使って固定観念を打ち砕こうというものです。下手をすると、「理屈は理解できるが、信じられない」「どうしてそう言い切れるのか？」となる恐れがあります。正論だけで実感が伴わないのが弱いところです。

　であれば、固定観念を少しだけ緩めてみて、支障がないことを試してみるのはどうでしょうか。100％正しいと思っていたのを、99％にしてみるのです。1％だけ緩めても問題がないことが分かれば、また1％緩めてみます。そうしているうちに、いつかは固定観念がなくなるかもしれません。これが心理学者R.キーガンらが開発した**免疫マップ**で用いる固定観念の打ち破り方です。

　たとえば、長時間労働をなくす方策を議論して、「完璧に仕事を仕上げないと気が済まない」というのが原因の1つだということが分かりました。そのせいで、仕事の手離れが悪くなり、人にも任せることができません。

　こんなふうに「やりたくてもできない」「分かっているけどやめられない」というジレンマが問題をつくり出していることがよくあります。「仕事を適当に切り上げる」という表の目標（アクセル）と、「完璧にこなして達成感を得る」という裏の目標（ブレーキ）が競合してしまっているのです。

　この構造は、強い信念や暗黙の前提によって引き起こされています。たとえば、「完成度の高いのがよい仕事に違いない」「完成度は正しく評価されるべきだ」というように。これこそ非合理的な信念です。

　ただ、当人がそう信じ込んでいますので、無理に変えようとすると抵抗に遭います。であれば、**いつどんな場合も成り立つか、安全な方法で実際にやってみて確かめる**のはどうでしょうか。「完成度を少し落としたレポートを提出する」「チェックを1回減らす」、といったように。

　おそらく大きな支障がなく、周囲の信頼を失うこともないはずです。そうやって、少しずつ緩め方を広げていけば、いずれ自分を縛っていた固定観念から

解き放たれていきます。

　ファシリテーターとしては、次のような問いかけをして、ジレンマから脱出するお手伝いをしてあげましょう。

> M　仕事を適当なところで切り上げられないんですよね……。
> F　その反対に、どんなことを思わずしてしまいますか？（阻害行動）
> F　それをしなかったら、どんな感情が起こるのでしょう？（不安感情）
> F　結局そういった行動は何を目指しているのでしょうか？（裏の目標）
> F　このジレンマはどんな強い信念から生まれてきますか？（固定観念）
> F　信念を少し緩めると、何か大きな支障が発生しますか？（検証実験）

　免疫マップでは、固定観念を緩めるには、①安全で、②ささやかな、③実行可能な、④リサーチ、⑤テストをおこなうのがよいとされています。英語の頭文字を取って**スマートテスト**と呼びます。

　自分の信念を手放すには、かなり勇気がいります。周囲からはくだらないことのように見えても、本人にとっては大切な信念です。無理に引き剥がそうとすると、自分を守る免疫機能が働いて、逆に固執するようになってしまいます。相手が安心して手放せるような状況をつくってあげることが大切になります。

図4-9 │ 固定観念がジレンマを生み出す

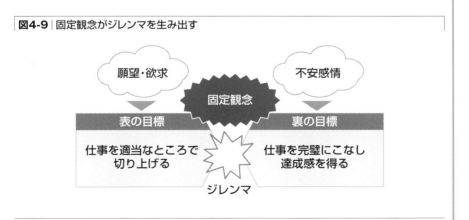

☛私は正しくて、相手は間違っているのか?

　固定観念が思い込みであると実感してもらう、もう１つの方法があります。固定観念が成り立たなかった例外の事例を探してみるのです。それが、**ナラティヴ・アプローチ**で用いる固定観念のはずし方です。

　ナラティヴとは物語（ストーリー）という意味です。「言葉が現実をつくる」という**社会構成主義**の考え方をベースに、物語を使って相互理解を促進したり、問題解決を図る手法です。簡単にやり方を紹介します。

　固定観念がやっかいなのは、それが元で対立が生まれてしまうことです。頭の固い人同士が「私は正しくて、相手は間違っている」と考え、終わらない議論を始めてしまうのです。

　たとえば、部門間でトラブルが発生して対策を議論しているとしましょう。こんなときに多くの人は「相手のせいで、いかに自分が迷惑をしているか」の物語を話します。単に事実や原理を論拠にするのではなく、感情や行動の理由を物語で説明しようとします。

　ところが、それらは**客観的な事実ではなく、自分の中でつくられた物語**です。その人なりの解釈や言い分が入っています。相手には相手の物語があります。それぞれが語る物語が折り合わないせいで対立が生まれてしまいます。

　そもそも、「私は正しくて、相手は間違っている」と考えるのは非合理的です。「私も正しいが、相手もそれなりに正しい」と考えるのが合理的です。相手の物語も認めないと、神学論争になって話が前に進みません。

　同様に「相手だけが問題だ」と考えるのも合理的ではありません。「自分の中にも問題がある」と考えるべきです。あるいは「両者の間（外）に問題がある」と考え、「両者はその迷惑（悪影響）を被っている」「両者が問題をつくりだしている」と考えたほうが、解決がしやすくなります。

　これがナラティヴ・アプローチで用いる**外在化**と呼ばれるテクニックです。人と問題を切り離す、ナラティヴ・アプローチ特有の考え方です。

　前章1-3で紹介した言い換えも、外在化のひとつです。さらに発展させるとこんな問いかけになり、固定観念を緩めるのに役に立ちます。

M　あいつのせいでひどい目にあった。
F　両者の問題が、どんなインパクトを与えましたか？
F　両者の問題は、いつから何を奪い取りましたか？
F　両者の問題に、どれくらいやられているのですか？

M　あいつが問題を大きくしたんだ。
F　両者の問題を小さくするために、どんな行動をとりましたか？
F　どんな試みが、両者の問題に良い影響を与えましたか？
F　何もしなかったら、両者の問題はどうなっていたでしょうか？

☛例外を見つけて固定観念を壊す

　さらに、ナラティヴ・アプローチでは、「両者は対立に完全に支配されていない」と考えます。というのは、ほとんどの場合、対立の歴史を見ていくと、**どこかで例外的にうまくいった事例（ユニークな結果）がある**からです。

　首尾よく探し出せれば、代わりの物語を紡ぐヒントとなります。「いついかなる場合もそうではない」と、対立を生む大元になっている固定観念に風穴が開けられます。

　ところが、両者は自分の物語に支配されているため、例外があるとは思っていません。こんなときこそファシリテーターの出番です。

　対立の歴史をひも解く、偶然を探し出す、活用できる資源を探す、意外な言動を見つけ出す、といった方法で例外や特殊例を探すお手伝いをします。首尾よく見つかったら、それを発展させて、問題解決に向けての良い物語をつくり上げるようにします。

M　とてもあいつと一緒にやっていけないよ。
F　両者がうまくやっているときは、何が作用していたのでしょうか？
F　対立の中でも、たまたまうまくやれたことはありませんか？
F　そうやって苦しんでいるのを、誰が支えてくれたのでしょうか？
F　予想外に相手が振る舞ったときってなかったでしょうか？

3-3 思考に働くバイアスを取り除く

☛こんなにもある思考の落とし穴

　思い込みを打ち破ろうとしたときに、邪魔をするものがもう１つあります。**バイアス**に基づく誤った確信です。バイアスとは物事を認知したり判断したりするときに、人が本来的に持っている思考の歪みや偏りです。もともと人間に備わっているものだけに、バイアスを認識することも稀です。

　主なものを頭に入れておいて、「それって、バイアスじゃないですか？」と指摘していく必要があります。そのためには、ファシリテーター自身にもバイアスやメンタルモデルがあることを自覚しておかなければなりません。

①確証バイアス
自分の仮説に合った、都合のよい情報ばかりが目についてしまう。
例）B型は変わった人が多い。だって山田君も田中さんもそうだもの。

> F　そうでない可能性について、どれだけ調べましたか？

②代表性バイアス
代表的な事例を元にして一般化して、ステレオタイプ的に判断してしまう。
例）大きな飛行機事故が起こったから、飛行機は危ない。

> F　統計的に見て、そのような判断ができますか？

③自己奉仕バイアス
うまくいったことは自分のおかげ、いかなかったことは他人のせいにする。
例）今回は自分の力でうまくいったが、前回は不運だった。

> F　どんなやり方がうまくいった（いかなかった）のですか？

④利用可能性バイアス

思い出しやすいことや印象に残ったことを過大評価してしまう。

例）あんな悲惨な事件が起こるのは、凶悪な犯罪が増えているからだ。

F　そのことを統計データや事実で示せますか？

⑤後知恵バイアス

物事の結果を知ってから、後づけで理屈をつけて正当化する。

例）ほらね。たぶん、そうなると思っていたよ。

F　結果が当たるかどうかよりは、プロセスが大切ではありませんか？

⑥多数派同調バイアス

多数派の意見が正しいと思ってしまう。

例）みんなが言うんだから、間違いないよ。

F　どんな具体的な論拠でそう言えるのですか？

⑦偶然性バイアス

偶然に起こったことに法則性を見出す。

例）私が励ましたから、落ち込んでいた彼の成績がアップしたんだ。

F　単に平均に戻ったということは考えられませんか？

⑧一貫性バイアス

一見つじつまの合っている一貫性のあるストーリーを聞くと信じてしまう。

例）キャプテンをしていた彼なら、リーダーシップを発揮してくれるよ。

F　逆に、つじつまの合わない話ってないのですか？

Column-4◉イノベーションを起こそう!

アイデアを1人の天才に期待するのは危険すぎます。仮に、そんな稀有な人がいたとしても、あちこちでひっぱりだこ。ずっと皆さんの組織にいてくれる保証はありません。第一、大抵は"超ワガママ"で、組織にとって扱いにくい存在となります。

かといって、凡人に「頑張れ!」「もっと考えろ!」「死にものぐるいでやれ!」と気合いを入れるだけではアイデアは出てきません。発想を妨げる「思考の壁」、努力を投げだす「諦めの壁」、遠慮をする「抑制の壁」、神輿にぶら下がる「怠慢の壁」が現れるからです。

第一、運よく素晴らしいアイデアがひらめいたからといって、それを育てる土壌が組織にあるでしょうか。せっかく播いた種に、「その程度じゃダメだ」「本当に儲かるんだな」「失敗したら責任取れよ」と罵声を浴びせたのでは、育つ苗も育ちません。

場当たり的に考えても優れたアイデアはできません。商品開発や改善活動に役立つ創造性開発技法から、最近のデザイン思考をはじめとするイノベーション技法まで、多種多彩な手法やツールが開発されており、活かさない手はありません。それらを駆使して、組織や社会が一丸となって、革新的なアイデアを生み出していかなければなりません。

そのカギを握るのがファシリテーターです。単純なブレーンストーミングをやっても、ファシリテーターによってアイデアの数が軽く10倍くらい変わってきます。熟練したファシリテーターは、多様な人々の相互作用を最大限にする技を持っているからです。極端な話、そんな人が場にいるだけで自然とアイデアの連鎖反応が起きます。

ときには、創造的であるべき場に、「ダメ!」「違う!」とネガティブな意見を吐いて、アイデアを片っ端からつぶすデストロイヤーが紛れ込むことがあります。あわてることはありません。つぶされる以上にたくさんアイデアを出せばよいのですから!

参考:堀公俊、加藤彰『アイデア・イノベーション』(日本経済新聞出版社)

第 **5** 章

共通項を見つける
Integration

意見を分かち合う

初級編

1-1 意見を整理して分かりやすくする

☛整理しないと全体像が見えてこない

話し合いには、多様な意見やアイデアを集める発散のステージと、そこから絞り込んだり統合させたりする収束のステージがある、という話をしました。その間に欠かせないのが整理の作業です。たとえば、チーム内のコミュニケーションを促進する方法を議論していて、9個の意見が出たとします。

- チームづくりの合宿をする
- 肩書ではなく「○○さん」で呼び合う
- 定期的に席替えをする
- 飲み会を頻繁にやる
- 出会ったら必ず挨拶をする
- 春のお花見、秋の紅葉狩り
- お菓子を職場に持ち込む
- ボウリング大会をやる
- 雑談できるスペースをつくる

9個もあると、とても頭に入りません。人間が一時に把握できる情報の塊（チャンク）は最大7つ程度といわれています。実際には、7つでも覚えられず、

せいぜい３±１くらいです。

　そのため、集まった意見をファシリテーターが整理して、誰もが全体像を把握できるようにします。

> F　大きく分けると３つですね。１つ目はイベント、２つ目に職場環境、３つ目にルールづくり。そんな整理でよろしいですか？

☞「分ける」と「分かる」ようになる

　これを板書すると、さらに分かりやすくなります。たとえば、このように**階層化**（ツリー状に）すると全体がつかみやすくなります。

1．イベントをやる
- チームづくりの合宿をする
- 飲み会を頻繁にやる
- 春のお花見、秋の紅葉狩り
- ボウリング大会をやる

2．職場の環境を変える
- お菓子を職場に持ち込む
- 雑談できるスペースをつくる
- 定期的に席替えをする

3．ルールをつくる
- 肩書ではなく「○○さん」で呼び合う
- 出会ったら必ず挨拶をする

　つまり、整理とは「分ける」ことです。複雑なものも"分ける"と"分かる"ようになります。分けて束ねて見出しをつければ、チャンクの数が減って頭に入りやすくなるからです。全体像が見通せ、すべての意見が分かち合えます。ヌケ、モレ、偏りも見えてきます。個々の意見の位置づけも明らかになります。

　この作業を、物事の骨組みを抽出することから**構造化**と呼びます。話し合い

を整理するために、必ず習得しておかなければならない技です。

　分けるとは、似たようなものを一くくりにすることに他なりません。そのためには共通項を見つけ出さなければいけません。目的、対象、属性、機能、要素、価値といった切り口で、親和性のあるものを探すのです。

☛枝から幹へ、幹から枝へ

　親和性とは直観的なものです。全部をざっと眺めて、何となく似ている、なにか近そうだ、関連がある気がする……そういうものを束ねてグループ化していきます。そこにピタッとくる見出し（カテゴリー名）やタイトルがつけられれば、上手に分けられた証です。

　逆にしっくりくる見出しがつかなければ、分け方を考え直します。そうやって、落ち着きのよい分け方を見つけます。それが**帰納的**な方法です。ツリー図でいえば、枝から幹へと攻めるやり方です。時間はかかるものの、ユニークな分け方が生まれる可能性があります。付箋を使うとやりやすくなります。

　これとは逆に、先に分類の見出しや切り口を設定してから分ける手があります。**演繹的**な方法です。本書で何度も出てきたフレームワークを使って、幹から枝へと攻めていくのです。短時間でスッキリと分けられるのですが、ありきたりの分類になる恐れもあります。

　どちらも一長一短があり、テーマとメンバーに応じて使い分けるしかありません。あるいは、２つのやり方を行ったり来たりしながら、分類を進めていきます。

　いずれにせよ、分け方によって後の議論の進め方が大きく左右されます。ファシリテーターが独断でやるのではなく、メンバーとやりとりしながらやると納得感が高まります。できあがったら、この分け方でよいか、最後に同意をとることを忘れないようにしましょう。

☛いらないものを片づけてしまう

　あまりに意見やアイデアが多いと、分類するのは大仕事です。うまく分類ができたとしても、グループの数が多すぎると、もう一度整理し直さなければなりません。

そこで登場するのが、整理のもう1つの動作、「優先順位をつける」です。部屋やタンスの中を整理するのと同様、いらないものを捨てるか、どこかにしまっておくようにします。そのためには、必要度を判断する基準がいります。

> F　議論を絞り込むために少し優先順位をつけてみましょう。今回は、どんなアイデアを優先的に検討しますか？　すぐにできるもの？　それとも効果の高いもの？　あるいは楽しいものでもいいですよ。

先ほどのコミュニケーション促進の話に戻ると、「すぐにできるアイデアを優先する」として、アンダーラインやマークでメリハリをつけてみましょう。こうすればさらに分かりやすくなります。

1．イベントをやる
　　（・チームづくりの合宿をする）
　　・飲み会を頻繁にやる
　　（・春のお花見、秋の紅葉狩り）
　　・ボウリング大会をやる
2．職場の環境を変える
　　・<u>お菓子を職場に持ち込む</u>
　　（・雑談できるスペースをつくる）
　　・定期的に席替えをする
3．ルールをつくる
　　・肩書ではなく「○○さん」で呼び合う
　　・<u>出会ったら必ず挨拶をする</u>

とにかく、分かりにくくなったら、「分ける」か「優先順位をつける」。そうやって複雑なものを単純にすれば、認識が共有できるとともに、次の一手が見えてきます。整理上手は議論上手です。何事もスッキリと整理できるファシリテーターを目指しましょう。

☛話し合いを「見える化」しよう

　整理の作業を頭の中だけでやるのは大変です。ファシリテーターの頭の中が見えないと、何をどう考えているのかが分からず、メンバーも不安になります。できるだけ「見える化」して、**オープンに整理や絞り込みを進めていきましょう**。それが、コラム1（→P034）で紹介したファシリテーション・グラフィック、いわゆる板書の技術です。

　単純には、意見やアイデアを箇条書きにして、分けたり優先順位をつけたりすれば事足ります。いつもツリー状にする必要はなく、中心から放射状に延ばして分類するマンダラ型もよく使われます。

　もう少し複雑な議論になると、図解（チャート）の出番となります。どの図解を選ぶかで分かりやすさが大きく変わってきます。

　たとえば、優先順位をつけるのにマトリクス図を使うと、直観的に理解しやすくなります。物事の流れを整理するにはフローチャートが合います。異なる意見の一致点を探すにはベン図が役に立ちます。

　こういったツールをポケットにたくさん入れておけばおくほど、整理する力は高まります。一時にたくさん覚えるのは大変なので、自分の得意なものから始めて、1つひとつ着実に身につけていきましょう。

図5-1 ｜ ファシリテーション・グラフィック

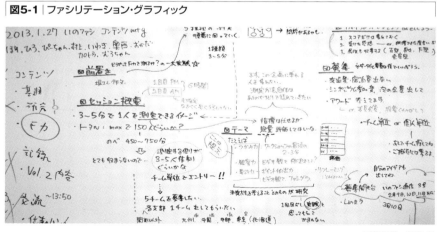

画像提供　加藤 彰

1-2 相互に重なり合う部分を見つけ出す

☛ まとめ方1 包含する

本書をお読みの方なら、ファシリテーターがたくさんの意見をどんどんまとめていく様を見たことがあると思います。いったいどうやっているのか、どんな芸当を使えばあんなことができるのか、不思議に思った人も少なくないのではないでしょうか。

1つは、先ほど紹介した整理です。すなわち「分ける」「優先順位をつける」を使って複雑なものを単純化していっているのです。

もう1つが、今から述べる統合です。異なるものから共通項を取り出したり、見えにくい共通項をあぶり出して、ひとまとめにしていきます。

先ほどの続きで、コミュニケーション促進策を議論していて、2つの異なる意見が出たとしましょう。

A　何かイベントでもやって交流の機会を増やしては？
B　昔やったボウリング大会を復活させようよ。

一見して分かるように、Bの意見はAを具体化したものです。つまり、BはAに含まれるわけです。BはAの一部として取り込んで、Aの意見で代表させれば、2つの意見をまとめることできます。

F　Bの意見は、Aに含まれると考えていいですか？
F　AとBをまとめて、Aで代表させることでいいですか？

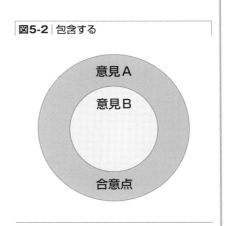

図5-2 包含する

意見A
意見B
合意点

ポイントは、どれが上位概念でどれが下位概念か、レベル感を見極めること
です。それには意見の抽象度を見るのが一番。類似する2つの要素のうち、抽
象的なのが上位レベルで、具体的なのが下位レベルです。分かりにくければ、
第3章2-3で紹介した「要するに？」「たとえば？」の質問を繰り出せば、本
当に類似の話なのか、上下関係はどうなっているかが見えてきます。

☛ まとめ方2 一致点を取り出す

今度は、こんな意見が出てきまし
た。一見似ているようですが、どうま
とめたらよいでしょうか。

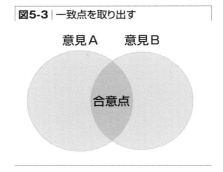

図5-3 │ 一致点を取り出す

A みんなでお花見にいこうよ。
B 河原で遊んだり、バーベキュー
　 をするのはどう？

今度は包含ではなく、並列の関係にあります。かといって、まったく違うか
といえばそうではなく、共通点があります。「みんなで飲み食いをする」とい
う点です。それを取り出せば、1つのアイデアにまとめられます。

　F　AとBは○○という点では同じですよね。
　F　AとBは似ているように見えますが、共通項は何でしょうか？

共通項の見つけ方としては、それぞれの意見を細かい要素に分解していくの
がもっとも簡単なやり方です。その上で、重なるものがないかを探すのです。

☛ まとめ方3 上位概念で統合する

さらにこんなまとめ方もあります。パッと見ると共通項があるとは思えない
2つの意見があります。どうやったらひとつにまとめられるでしょうか。

A　お菓子を職場に持ち込めばいいんじゃない。
B　メーリングリストをつくるのはダメかな？

　なぜ、お菓子を職場に持ち込めば、コミュニケーションの促進になるのでしょうか。それは、お菓子をキッカケにしておしゃべりが増えることが期待できるからです。そういう意味では、メーリングリストも一緒です。リアルとバーチャルの違いはあるにせよ、おしゃべりを増やす効果は同じです。
　つまり、一見違っているように見えても、目的や効果といった上位概念では一致しているのです。物事を見るレベルや視点を変えれば、共通項が見つかることがよくあります。

F　AとBは違っているように見えますが、○○という目的は同じですね。
F　○○という観点で見たら、AもBも同じじゃないですかね。

　これは結構、荒業です。「売上が上がる」「幸せになる」「社会に貢献する」といった大命題を持ち出せば、大抵のものはひとつにまとめられるからです。もちろん、そんなことをすると、話が抽象的になり過ぎて、何を議論しているのか分からなくなります。
　なので、いかに抽象的にならずに、エッジが効いた言葉で共通項を取り出せるかが勝負となります。そのコツは上級編で紹介します。

　これら3つのまとめ方のパターンを使い分ければ、たくさんの意見もいくつかの代表的な意見に統合できます。その過程で、「同じ」「違う」と揉めるようなら、ベン図を書いて検討するのが一番です。やはり「見える化」することで、互いの関係が分かりやすくなります。

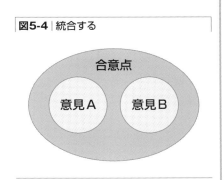

図5-4｜統合する

合意点

意見A　　意見B

1-3 結論をまとめて議論に留めを打つ

☛その場で決まったことを確認する

こうやって優先順位をつけたり共通項を見つけたりして、最終的に1つの意見になったら、それが結論です。議題（論点）と結論をセットにして確認するようにします。いわゆる**ラップアップ（クロージング）**です。

> F　では、○○の件に関しては、△△するということで、今日の結論としてよろしいでしょうか？

できれば、口頭だけではなく、ホワイトボードなどに文章を書いて確認するのが無難です。文章だとごまかしが利きませんし、口調などによって無用な色がつきません。「そういう意味で言ったんじゃない」「私にはこう聞こえた」といった解釈論に陥らずに済みます。決まったことをオープンにすることで、みんなの共有物として定着させる効果もあります。

話し合いの内容によっては、決まったことが神棚に上がらないように、**アクションプラン**（実行計画）も決めておきます。誰が（Who）、いつまでに（When）、何をするか（What）をセットにして、板書して確認を取ります。いずれも、一目で分かるよう、できるだけ目立つ場所に書いておきましょう。

> F　では、○○については、山田さんが月末までにレポートする。△△は田中さんが来週中に結論を出す。それでよろしいですか？

☛話し合いのプロセスを振り返る

コンテンツの結論の確認が終わったらプロセスです。多くの場合、話し合いは何度も継続しておこないます。次の話し合いの予定、議題、進め方など、大まかなプロセスを決めておけば安心です。さらに次回までの宿題、進捗確認、

フォローのやり方などもあわせて確認しておきます。

> F　では、次回は○○に△△について２回目の会議を持ちます。積み残し
> た□□を議論しますので、各自考えておいてください。また、進捗は
> メールでフォローするということで、よろしくお願いします。

　さらに、時間が許せば、今回の話し合いのプロセスを振り返って、次回にフィードバックできるようにします。一番簡単なのが**チェックアウト**で、全員が一言ずつ感想を述べるものです。話し合いの中で言えなかったことや、終わったからこそ言える本心が聴けます。

> F　では、軽くチェックアウトをして終わりましょう。どなたからでも結
> 構ですので、１人30秒以内で今日の感想を披露してください。

　しっかりやりたければ、プラスとデルタ（＋：良い点、⊿：改善点）、KPT（Keep：うまくいったこと、Problem：うまくいかなかったこと、Try：新しくやること）といった振り返りのフレームワークを使うと、短時間でも効率的に振り返りができます。

☛議事録を出すなら24時間以内に

　話し合いが終わったら、ホワイトボードなどに書いた板書をデジカメやスマホで撮り、すぐに関係者にメールで配信します。記憶が鮮明なうちに素早く周知すれば、無用な蒸し返しや「言った／言わない」の水掛け論が防止できます。
　議事録が必要な場合は、極力24時間以内に作成して回覧します。それを越えてしまうと記憶量がガクンと下がって、議事録の内容を巡って議論が始まってしまうからです。細かい話は板書の写真を見てもらうとして、議題、主な論点、合意事項、アクションプラン、残存課題などを簡潔にまとめて配ります。
　議事録は、必ずしもファシリテーターが書く必要はないのですが、そのほうが手っ取り早いです。ある程度、議事録を意識して板書しておけば、後でまとめるのが楽です。

合意を分かち合う

中級編

2-1　6種類の合意パターンを使い分ける

☞合意には6種類のパターンがある

　整理と統合の作業を重ねれば意見の一致を見る、という話をしました。実際には、いつもそんな簡単に合意にいきつくとは限りません。意見が真っ向から対立して共通項すら見つけられないこともあります。そんなときでも、どうにかして合意をとりつけるのがファシリテーターです。

　一口に合意といっても、いろいろな形があります。今から述べる合意のパターンを頭に入れておいて、**どのあたりに着地点を持っていくかをイメージしながら**、議論の舵取りをしていきましょう。

　たとえば、ある会社で経営に関する路線対立が起こったとします。ある人たちは、大量販売できる低価格商品に、別の人たちは利益率の高い高級商品に力を入れたいと言うのです。どんな形で決着がつけられるでしょうか。

　1）原案で合意する

　議論を重ねた末、低価格か高価格のどちらかの意見を採用して、結論の一致を見る場合があります。どちらかが議論に負けて相手に譲ったのです。リーダーによる決裁や多数決もこの範疇に入ります。負けたほうの納得感は低くなるものの、両案が中和されて玉虫色になることは避けられます。

F　最終的にどちらの案でいくか、どうやって決めますか？

2）部分的に合意する

　どちらの路線でいくかはいったん先送りして、それぞれの商品開発だけは進めておく、といった結論です。テーマによっては、全体像は合意できなくても、一部の合意で物事を進めることができます。ここは譲るからあちらを認めて、とパッケージにして合意することもできます。

F　両案のどの部分なら、とりあえず合意しても問題ないでしょうか？

3）条件つきで合意する

　何かの交換条件をつけた上で、片方の主張を通すやり方です。「今回は低価格路線とするが、利益率が○○以下になれば再検討する」といったパターンです。付帯条件をいろいろつけて、条件を満たすことを前提に、どれかの案を採用するのです。これなら原案を採用するよりも妥協がしやすくなります。

F　どんな条件をつければ、相手の案を飲むことができますか？　あるいは、自分の案を通すために、何か条件をつけることはできませんか？

4）修正案や新案で合意する

　すぐに思いつくのは、双方とも妥協して中価格を攻める、といった痛み分けの案です。高価格中心でいくものの、首都圏だけは低価格路線でいく、といった組み合わせもあります。あるいは、低価格で大量販売しながら、高価格商品並みの利益率を確保できれば理想的です。いずれにせよ、代替案や第三の案を幅広く考えることで合意できる余地が広がっていきます。

F　各々のどの部分を修正したら、両者が合意することができますか？

5）上位レベルで合意する

　どうしても合意できないときは、目的（例：新たな顧客層を開拓する）や問

題意識（例：路線転換の必要が高まっている）について合意するという手があります。いま議論していることの上位概念で意見の一致を見るのです。

　逆に言えば、具体策については先送りになります。それでも、何も合意しないよりは一歩前進となります。

> F　両者の目的において共通項はありませんか？　今回の話し合いでどんな認識が一致したでしょうか？

６）プロセスを合意する

　それすら合意できないときに、合意できなかった点を明らかにした上で、「今後こういう進め方で検討していきましょう」といった合意形成のプロセスについて合意をします。これで少なくとも次にはつながり、完全に決裂するよりははるかにマシです。安易に諦めるのではなく、最後の最後まで合意を探る姿勢が大切です。

> F　今日合意に至らなかった話は、これからどうやって詰めていけばよいですか？

図5-5 | 6つの合意のパターン

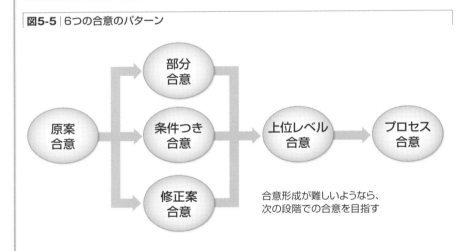

合意形成が難しいようなら、次の段階での合意を目指す

☞それでも合意できなかったら

　これら6通りのやり方を目指すものの、合意できないこともあります。

　多くの場合、両者の意見が完全に五分五分で相対しているのではなく、優勢な意見と劣勢な意見が見えてきています。そうなると、分がよい優勢派は「勝負あった」とぞんざいになり、分が悪い劣勢派は「一寸の虫にも五分の魂」とばかりに意地になってきます。最後の最後で折り合いがつかない、という状態が続くことになります。

　だからといって、優勢派の考えを劣勢派に飲ませるために説得をするのは禁物です。人は説得されると抵抗するからです。ましてや、ファシリテーターが「おおよそ落としどころは見えてきた」とばかり、劣勢派に譲歩を勧めるのは自殺行為です。信頼を失って話し合いが舵取りできなくなります。

　そんな状況でファシリテーターが貢献できることがあるとしたら、**劣勢派が誇りを持って自らの主張を譲る状況をつくる**ことです。自分の感情にも折り合いをつけ、気持ちよく矛を収めるためには何かが必要です。何かの交換条件でもよく、名誉や自尊心を満たす何かでも。

　できれば、ファシリテーターや譲る側（劣勢派）ではなく、譲られる側（優勢派）が考えるほうが効果的です。こんな働きかけを通じて、双方が気持ちよく和解するための状況を積み上げていくわけです。

> F　○○派（優勢な立場）の皆さん、△△派（劣勢な立場）の皆さんが気持ちよく譲るために、何かできることはないのでしょうか？
>
> F　もし、△△派が勇気を持って英断に臨むために、○○派はどんな貢献ができるでしょうか？

　このときに、ファシリテーターが優勢派のほうにやんわりとプッシュをかける程度ならギリギリ許される範囲でしょう。

> F　それが見つからなければ、振り出しに戻ってしまいますよ。せっかくここまで詰めたのに、白紙に戻してもう一度徹底的にやりますか？

2-2　2つの意思決定原理を組み合わせる

☞最適化原理でスッキリ決める

　どの合意のパターンを目指すにしろ、決め方は大きく2通りに分かれます。1つは、さまざまな案の中からもっとも適切なものを選ぶやり方です。これを**最適化原理**と呼びます。

　多くの人は、買い物をするときに、いろんな店の商品を比較検討してから購入しようとします。そのほうが合理的な選択ができる上に、「この中にしか答えはない」と思えるからです。「これがお勧めです」と1つの商品だけ見せられても信用できません。自分が選択するからこそ納得感が生まれます。

　最適化原理を使うときに大切なのは選択肢の幅です。対案や代替案をどれだけ調べるかが納得感に結びつきます。ファシリテーターとしては、粘り強く選択肢を引き出す働きかけをしていかなければなりません。

　F　他にどんな選択肢が考えられますか？
　F　その目的を達成する手段は他にないのですか？

　加えて、もう1つ大切なのが、たくさんの選択肢の中からどんな基準で1つを選ぶかです。効果、実現性、斬新さ、緊急度、波及効果、リスクなど基準はたくさんあります。納得感のためには、みんなが一致できる基準を選ばなければなりません。基準が一致していれば、あとでブレることも少なくなり、人にも説明しやすくなります。

　基準は必ずしも1つである必要はなく、いくつかをセットする手もあります。その場合はそれぞれの基準の優先順位、つまり重みづけが重要です。それを合意しておかないと最終的な判定ができません。

　F　いったい、どんな基準で評価すればよいのでしょうか？
　F　それらの基準の中でもっとも重要なのはどれですか？

☛満足化原理で折り合いをつける

物事を決めるもう１つのやり方は、**満足化原理**を使うものです。買い物で言えば、相互に商品を比較するのではなく、気に入ったものが見つかったときに「これだ！」と購入するやり方です。

買い物をするといっても、すべての選択肢を調べるわけにはいきません。基準に重みづけをするといっても、時と場合によって変わってきます。極端に言えば、気に入ったものが見つかれば、選択肢も基準もどうでもよくなります。

つまり、私たちは限られた不確かな情報の中で曖昧に決定せざるをえず、合理的といっても限りがあるのです。これを**限定合理性**と呼びます。

組織内での意思決定にしても前者でやることは案外多くなく、たいていはみんなで話し合う中で「これなら全員がある程度折り合える」という案で落ち着くのが通例です。理想的には最適化原理を使うべきなのでしょうが、実際には満足化原理で十分であり、常に最善の選択を求めているわけではないのです。

具体的には、みんなで選択肢を出し合ったあとで、すべての人の意見を"それなりに"満足させられる案をつくり上げていきます。人によって満足度に差があっても、誰も否定することのない案を。これを**コンセンサス**と呼びます。

多くの場合、合意形成に反対していた最後の１人が「まあ、それでもよいか」

図5-6 | 2つの原理

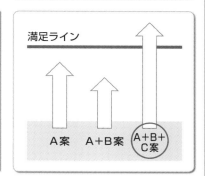

最適化原理					
候補	環境 ×3	交通 ×2	価格 ×2	安全 ×1	利便 ×1	合計
A案	6	6	6	6	6	54
B案	10	5	1	1	5	48
C案	1	10	1	8	10	43
D案	3	1	10	8	6	45
E案	3	3	5	10	3	38

満足化原理

満足ライン

A案　A+B案　A+B+C案

と自分の満足度のハードルを越えたときに合意となります。それを目指して粘り強く、共通項を探していくことになります。

> F　どうやったらみんなが満足できる案になりますか？
> F　どんな方法なら、その目的をこの案に入れ込むことができますか？

☛合理性を取るか、納得感を取るか？

最適化原理の良さは、スピーディに意思決定できるところにあります。決まらなければ、リーダー一任や多数決でも決着がつけられます。しかも、数ある候補の中から1つ選ぶのですから、原案の良さがそのまま生きてきます。エッジの効いた決定ができます。

逆にデメリットとしては、いくらプロセスが合理的であっても、採用されなかった案を支持する人の不満が残ります。それは実行段階になって悪い影響を及ぼします。下手をすると、「やっているつもり」「やったふり」が横行してしまいます。決まるのは早くても、決まってから成果までの時間がかかるのです。

一方の満足化原理は真逆です。最後の1人が折り合いをつけてくれるまでとても時間がかかります。ときには、わがままにずっと付き合わされるハメになります。ところが、いったん決まると、もはや反対する人はいなくなり、実行段階でガタガタ言う人は少なくなります。

ただ、いろんな人の意見を包含しようとして、どうしてもエッジがなまった抽象的な案になりがちです。最悪の場合、何とでも解釈できる玉虫色の結論になっていまい、何が決まったのか分からなくなります。特に、デザインや宣伝物といったエッジを効かせる必要がある決定には向きません。

このように両者には一長一短があって、常にどちらかが優れているわけではありません。**テーマやメンバーによって使い分ける**しかありません。

合理性を追求するのは理想的ですが、それに溺れるとみんなの満足度が下がります。かといって、みんなの和を大切にするあまり合理性のない合意をしても、あとで痛い目に遭います。合理性の限界を知りながらも、できるだけ合理性を追求する。それがファシリテーターとして望ましい態度となります。

2-3 対立の構図に合った収め方を用いる

☛対立の構図は6種類に分かれる

　どちらの原理を使うにせよ、意見と意見がぶつかり合って話し合いが前に進まなくなることがよくあります。そんなときこそ、ファシリテーターの基本動作が威力を発揮します。論点を整理し、互いの真意を理解し合い、よりよい解決に向けて柔軟に発想を広げていくようにします。

　些細な意見の食い違いであれば、これらの作業で共通項が見つかります。ところが、こじれてしまった対立、組織の中で起こる葛藤、社会的な問題を巡る紛争といった大きなコンフリクトは、これだけではうまくいきません。価値観や信念が対立を起こすからです。

　といっても、恐れる必要はありません。あなたにとっては大事件であっても、世間ではよくある対立のひとつです。**過去も似たような対立が山ほどあり、ある程度のパターンがあります**。すべてメンタルモデルの違いから生まれており、元をたどれば第3章3-2で述べた「究極的な価値」の違いです。

　したがって、収め方にも一定のパターンがあります。それらを頭に入れておくと、話し合いをリードしやすくなります。

　そこで、世の中にどんな対立の構図があり、どんな方向に持っていけばよいのかを簡単に紹介していきます。現在対立を抱えている方は、どのパターンに近いかを考えてみるところから始めてみましょう。

１）理想vs現実（楽観vs悲観、原則vs例外、目的vs原因……）

　物事をポジティブにとらえ、理想に向かって積極的に物事を進めようとする人がいます。反対に、ネガティブにとらえて現実的にできることをやろうとする人もいます。前者は、目的、強み、長所、機会、原則にこだわり、後者は原因、弱み、短所、脅威、例外にこだわります。イケイケ派とソコソコ派、長期視点と短期視点の対立となって露呈するケースもよくあります。

　2つの考えを調和させるには、双方の良さを重ね合わせるしかありません。

未来も大切ですが、現在も重要なのです。

F　理想を高く掲げつつも、現実的にできることは何でしょうか？

2）変化vs安定（成長vs成熟、挑戦vs秩序、革新vs保守……）

「変わることがよいことだ」と考える人は、挑戦、機会、成長、対応、新規にこだわります。かたや安定、成熟、秩序、本質、継続を求めて「変わらないことに意味がある」と考える人も少なくありません。前者は、大きな損がなければ前に進みたく、後者はかなりの得がなければやりたくありません。

対処法は「不易流行」です。いつまでも変わらない本質的なものの中に、新しいものを取り入れ、常に変化を重ねていくことが、変わらないことにつながります。革新を続けることが伝統をつくるのです。

F　本質を守るために、何を変えていかないといけないでしょうか？

3）目的vs手段（成果vsプロセス、演繹vs帰納……）

世の中には、目的や成果が達成できれば、それほど手段にこだわらない人がいます。一方、成果や収穫は、自分ではコントロールできない要因に左右されやすく、手段やプロセスこそが大切だと考える人もいます。

しかも、前者は原理原則から演繹的に物事を考え、後者は事実から帰納的に考えるクセを持っています。全体最適と部分最適のぶつかり合いになることもあります。もちろん、どちらも大切であり、片方だけで物事が進むわけではありません。これも調和させていくしかありません。

F　目的に近づくための最善の手段を考えていきませんか？

4）絶対vs相対（原理vs比較、最適vs満足、優位vs位置……）

世の中に絶対的な価値、すなわち正解があると考えれば、内なる原理や基準に従って最適に物事を進めたくなります。逆に正解がないと思えば、周囲や過去と比較してより満足度を上げていくことを考えます。戦略論でも、個性を最

大限に発揮するケイパビリティ論と、相対的に優位な位置を狙うポジショニング論の対立があります。

　相対的な価値を考えつつ、それらの上位にある絶対的な価値を模索していくのが望ましい統合の仕方になります。

> F　相対を積み重ねていって、絶対を目指していきませんか？

5）自律 vs 平等（個性 vs 秩序、個人 vs 集団、創造 vs 貢献……）

　社会でいえば、個人の能力を最大限に発揮することを考えるのか、みんなが幸福になることを考えるのかの違いです。前者を個人主義、後者を集団主義と呼ぶ場合もあります。

　教育の世界でも、自律、個性、創造性、成功を目指す考えと、平等、調和、奉仕、貢献を目指す考えがあります。組織論でいえばパフォーマンス（目標の達成）かメインテナンス（組織の維持）かの違いです。

　自律がなければ平等は実現できず、逆もまたしかりです。両者があいまって理想的な姿が実現していきます。好循環をつくるのが目指す姿です。

> F　双方の良さをうまく循環させるやり方はないのでしょうか？

6）論理 vs 感情（道理 vs 直感、善悪 vs 損得、信念 vs 欲求……）

　平たく言えば、理屈にこだわる人と気持ちにこだわる人の対立です。前者は、道理、規範、善悪、信念、推論で相手を説得しようとします。それに対して後者は、心理、直感、損得、欲求、経験を持ち出してきます。そうなると、対立以前に、議論がかみ合わなくなります。

　合理性は大切ですが、それだけでは人は動きません。かといって、情緒に流されては筋が通らない結論になります。それに、感情や経験則もある意味で合理的なものです。論理に溺れず、直感に逃げず。双方を突き合わせて妥当性の高い結論を目指しましょう。

> F　直感的に感じていることを筋道立てて説明できませんか？

2-4 一段レベルを上げてひとつに統合する

☛相反する考えをメタフレーミングする

　一見、相反するように見える２つの考えでも、智恵を絞れば統合ができます。やり方は大きく３通りに分かれます。Ａという信念（価値）とＢという信念（価値）が対立していたとして説明します。

１）両立させる

　一番簡単なのは、双方が両立できる道を探ることです。たとえば、あるときはＡ、あるときはＢを用いて、状況によって使い分けるわけです。

　あるいは、ＡとＢを融合させるという手もあります。双方の良さを組み合わせて、いいところ取りをすることです。ＡもＢも実現できる道を探すわけです。たとえば、長期と短期の視点がぶつかっていたなら、長期的視野に立って短期的にできることを考える、といったやり方です。

　F　双方の価値を両立させる方法はないのでしょうか？

２）新しい軸を立てる

　Ｘという基準で考えるとＡとＢは真っ向から対立しているかもしれません。ところが別のＹという基準で見ると、同じカテゴリーに属するのかもしれません。先ほどの長期・短期の話でいえば、時間軸では対立していても空間軸では同じことを言っている、といったように。

　対立している両者が同じ立ち位置となる新しい軸は本当にないのか、しらみつぶしに調べていきます。見方を変えることで共通項をあぶり出す作戦です。

　F　どういった軸で見れば、両者は同じ立ち位置になりますか？

３）止揚する

　哲学で用いる言葉なので耳慣れないかもしれません。止揚(アウフヘーベン)とは「相反する概念を統合する」という意味です。**メタフレーミング**とも呼びます。一言でいえば、「一段上位の概念で統合してしまう」というやり方です。本章１-２で紹介した「まとめ方３」を対立に応用したものです。

　正しいとされるＡという考えがあります（正）。それと反対するＢという考えがあります（反）。それを統合して新しいＣという考えを生み出すのが止揚です（合）。フレーミング（正）→リフレーミング（反）→メタフレーミング（合）と表現される場合もあります。

　具体的には、ＡもＢをも包み込む、さらに上位のレベルの新たな考えをつくり出します。残念ながら「こうすれば必ずできる」という決まった方法があるわけではありません。あたかも天空から神様が対立を眺めるようにして、メタ（俯瞰的な）の視点から考えるしかありません。

> F　第三者が俯瞰的にこの対立を見たとしたら、どんな共通項が見えてくるでしょうか？

図5-7│統合する

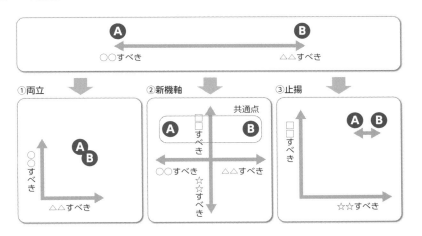

☛左脳で行き詰まったら右脳を活用する

図5-8 思考の深め方

フレーミング　リフレーミング

正 → 反

合

メタフレーミング

止揚をするための優れた方法を１つお話ししましょう。言葉（左脳）ではなく、イメージ（右脳）を使うのです。

右脳を使う効用については第４章2-2「創造的に壁を打ち破る」で紹介しました。それは対立があるときにこそ大いに役に立ちます。

たとえば、未来の成長に向けてチームが目指す人材像や組織像を議論していたところ、いろんな意見が出てひとつにまとまりません。それを腑分けしていくと、自律と協調という大きく２つの価値がぶつかり合っていることに気づきました。このままでは、うまくまとめられません。

そんなときは、人材・組織像を言葉で説明するのではなく、何かにたとえられないかを考えてみましょう。動物園、ロックバンド、遊園地、オリンピック、七福神といったような**メタファ**（暗喩）を使うのです。

> F　皆さんがイメージしているものって、何かにたとえられませんか？
> 　　モノでもヒトでもコトでも構いませんので。

しっくりくるものを思いつくまでは苦しい時間が続きます。ところが、誰かが「○○じゃないの？」と素晴らしい比喩を口走った途端、「それだ！」とみんなの気持ちがピタッとひとつになります。創発が生まれる瞬間です。

メタファが見つかったら、みんなで手分けして絵に描いて表現してみるのが一番です。やっているうちに、思い描いているイメージがどんどんひとつになっていきます。その上で、ゆっくりと言葉に落とし込めばよいのです。

図5-9 メタファの例

嘘だと思われたら一度やってみてください。目からウロコのメタファが見つかれば、チームの一体感を醸成するのにも大いに貢献してくれます。

Exercise-4◉共通項を見つけ出す力を高めよう!

　共通項を見出すには、発言そのものはもちろん、その裏にある論理や心理を理解する力が求められます。加えて、いろんな角度から発言の意味づけができないと、うまく共通項が見つけられません。

　以下の会話は、一見すると真っ向から対立しているように見えます。そんな中でも、どんな共通項があるでしょうか。

　　A　小学生に英語を教えるなんて、やるべきじゃないね。
　　B　でも小さい頃からやったほうが早く身につくよ。
　　A　それなら日本語が先じゃないの。ここは日本なんだよ。
　　B　そりゃそうだけど、これからはグローバル化だよ。
　　A　それを言うなら、日本語でロジックを身につけるのが先だよ。
　　B　もちろんそれもいいけど、英語への親近感を持たせないと。
　　A　逆に、英語嫌いになったらどうする。後で困るよ。
　　B　それを言い出したら、他の科目も同じだよ。

【解説】「グローバル化の時代に子どもにロジックを身につけさせるのがよい」という考えは、両者とも共通項として同意しています。逆に言えば、それ以外の点はことごとく意見が違っているように見えます。

　ところが、両者は似たような考え方をしています。1つは、子どもに何を教えるかについては、他の科目との相対比較で考え、優先順位の問題ととらえている点です。その順位が違うだけです。

　もう1つは、少し分かりにくいですが、この時期の子どもの教育こそが本人の能力や資質を決める、と考えている点です。言い換えると、早期教育の重要性は両者とも認識しているのです。

　このように論争の中にも共通項はいろいろあります。メタの視点から論争を聞く練習をすると、共通項が見つけやすくなります。

3 未来を分かち合う

上級編

3-1 心から理解と共感できる関係をつくる

☛合意形成を通じて関係性を再構築する

合意形成は、すればよいというわけではありません。合意した内容を、関係者一丸となって実行しなければいけないからです。

「合意はできたものの、誰もやる気にならない」というのでは合意した意味がありません。1人ひとりが「これなら頑張れる」「多少不満もあるが、これでやってみよう」となってこそ真の合意形成です。

自分の考えが正しくて、相手は間違っていると思うところから合意形成がスタートするのが通例です。ところが、議論をしているうちに、自分の考えにも弱さがあり、相手の考えにも正しさがあることに気づきます。

いずれ自分の言い分を通すことばかりではなく、相手の事情も考えるようになります。さらに、みんなのためには、多少折れるのは仕方ない、という気持ちになります。

つまり、合意形成は、**互いの考え方や気持ちが変化する過程であり、関係性が変化するプロセス**でもあるのです。

そのため、熟練したファシリテーターは問題解決と同時に**関係性の再構築**(チーム・ビルディング)を目指します。この部分に焦点を当てながら合意形成のプロセスをひも解いてみます。

☛議論には3つの前提がある

合意形成を考える前に、議論が成り立つには**3つの前提**があるという話をしておきます。頭に入れておかないと何をしているか分からなくなります。

1）1人ひとりが意見を持っている

意見がない人と話し合っても、場当たり的に考えを述べたり、コロコロと言うことが変わるだけです。まともな議論にならず時間のムダです。

2）互いの意見が違っている

意見が同じであれば既に合意できているのですから、内容を確認して終わりです。わざわざ話し合う必要はありません。

考えが違う人たちが、力（暴力や権力）でなく、言葉で解決するのが話し合いです。つまり、対立は議論の前提となります。意見が違ってもよく、違うのが当たり前。だからこそ話し合いをしているわけです。

3）意見が変わる可能性がある

自分の考えを1ミリも変えない人とは議論になりません。裁判のような力による解決に委ねるしかありません。意見を変える可能性があってはじめて、話し合いの土俵に上がれます。

いずれも当たり前の前提ですが、つい忘れがちになります。議論した後で、そもそも前提が成り立っていないことに気づき、後悔するときもあります。

特に対立が予想される局面では、3つの前提が成り立っているかどうかをしっかり見極めなければいけません。さらに、当事者が話し合いによる解決を望むか、冷静に話し合えるかどうかも確認する必要があります。それらがそろってはじめて話し合いという装置が機能するようになります。

F　この件は、話し合いで決着をつけるということでよろしいですか？
F　お互いに、感情的にならず、理性的な議論ができますよね？

☛考えを変えずに折り合いをつける

　議論の前提の３つ目として「意見が変わる可能性がある」という話をしましたが、勘違いがないように補足説明をしておきます。

　意見が変わるといっても、自分が持っている基本的な考え方、つまり信念やメンタルモデルが変わる、という話ではありません。

　第一、そんなものは変わりようがありません。第３章3-1で述べたように自分の経験から生まれてきているからです。かなり危機的な体験をしない限り変わりません。にもかかわらず、相手を変えよう、すなわち自分の考えに染めようとするからまとまらないのです。やればやるほど溝が深まるばかりです。

　考え方や信念はその自身を形作っている大切なものです。よほど非人道的・反社会的なものでない限り、変える必要はありません。やりたいのは、**互いの信念をそのまま尊重した上で、「折り合いをつける」**ことです。

　私は自分の考えは今なお正しいと思っている。しかしながら、そればかり言っていても前に進めないので、この話はこの辺で手を打とう。それが折り合いをつけることです。

　だからといって、自分の考えを取り下げる必要はなく、これからも大切にしていけばよい。現実の合意形成とはそういうものです。

　折り合いをつけて一歩でも前に進めば、自らは進んでやらない経験ができます。自分の考えにそれほどこだわらなくても、物事はちゃんと進むことに気づきます。多少譲ったとしても周囲からの見る目が変わらないことも知ります。そうすれば、メンタルモデルを緩めることにつながります。そうやって、自分の考えそのものは、事後的に少しずつ着実に変えていけばよいのです。

☛互いのこだわりを分かち合おう

　折り合いをつけるために大切なのは、相手を否定するのではなく、ひとまず肯定することです。そうでないと、とてもそういう気持ちにはなりません。

　ファシリテーターとしてはこんな投げかけをして、相互に理解や共感できるように橋渡しをしてあげましょう。ただし、あくまでも目的は理解と共感（分かること）であって、同意（賛同すること）ではありません。

F　他の意見に対して共感できるところはありませんか？
F　同意しなくてもいいから理解できる点はありませんか？

　理解とは論理、共感とは感情が分かることです。後者が特に大切で、同じ気持ちを抱いたときに、「分かった（てもらえた）」という感じが持てます。
　そのためには、当人が大切にしているものや、それが生まれた背景を知ることが重要です（図3-6参照）。物語を引き出すことが、相手のメンタルモデルを知るヒントになります。また、物語を分かち合ったときに、本当の意味で、相手の立場に立てたことになります。

F　あなたが一番こだわっているのは何ですか？
F　そのこだわりはどこから生まれてきましたか？

　しかも、愛、成功、安心、成長といった、人が究極的に目指す価値には普遍性があります。そこまでさかのぼれば理解できない人はいません。持っている価値の良し悪しではなく、価値の優先順位が違っているだけです。その構図が理解できれば、相手との距離がグッと近くなります。

☛受け取ってもらえれば、緩められる

　折り合いをつけるためには、多少なりとも自分の信念を緩めないといけません。一部とはいえ、自分が大切にしているものを手放すわけですから、とても恐ろしい行為です。恥、恐怖、葛藤、躊躇、自尊心といったさまざまな感情と戦わないといけません。
　にもかかわらず、それができるのは、手放しても、「なんだ負けを認めるのか」と馬鹿にされたり、「ほらみろ、だから言っただろ」と自尊心を傷つけられる恐れがないからです。「じゃあこうさせてもらおうか」と悪用される心配がないからです。**安心して手放せる土壌があるからこそ、安心して緩められます。**
　言い換えると、相手を1人の人間として尊重し、深く信頼し合うことが、折り合いをつけるために欠かせないのです。合意形成というと、つい結論をまとめることに意識がいきがちですが、その前に尊敬と信頼という名の土壌を耕す

ことが先です。信頼関係あっての合意であることを忘れないようにしましょう。

> F　Aさんの大切にしているもののどこが素晴らしいと思いますか？
> F　自分を有利にするのではなく、みんなのために言っているのですよね？

☛相手の中に自分が、自分の中に相手がいる

　互いの言い分が分かり合えれば、「自分も正しいが、相手も相手の立場においては正しい」となります。それぞれの立場において、それなりの正当性があり、立場や優先順位の違いが意見の違いとなっているだけです。

　ときには、自分の中に相手がいて、相手の中に自分がいることに気づくケースもあります。

　たとえば、上司と部下とで論争しているとしましょう。ふと気づくと、上司は、部下の中にかつての自分を見ることがあります。逆に部下は、上司の中に将来の自分の姿が垣間見えたりします。そこに気づくと、相手は理不尽なことを言っているのではないことが分かります。

> F　自分の中に「ここは相手と同じだな」と思える部分はないですか？
> F　相手を見て「自分もそうかも？」と思う部分はありませんか？

　それに、人は自分のことは自分が一番よく知っていると思っていますが、あながちそうとは言えません。

　確かに自分の頭や心の中で起こっていることは、自分にしか分かりません。しかしながら、自分が周囲からどう見えているか、自分が言っていることがどう受け取られているかは、相手から指摘されない限り絶対に分かりません。

　自分が思っている自分と、周りが思っている自分とはギャップがあります。信頼関係ができれば、相互に指摘し合ってギャップを埋めることができます。

> F　今、AさんからBさんはどのように見えていますか？
> F　Bさんは、Aさんからどのように見えていると思いますか？

3-2 今ここにいる本当の意味を分かち合う

☛共通の関心事は何なのか?

そうやって互いの理解が進めば「どちらが正しいか?」という議論はなくなります。「どうやって解決するか?」が論点になります。人から問題に焦点がスイッチできるわけです。第4章3-2で述べた外在化です。

そのときに、両者の関係を一段レベルアップするために欠かせないものがあります。一緒に活動する意味です。

チームとは、同じ目的や関心事を持った集団であり、それがないとチームになれません。信頼が"土"だとしたら、そこに打ちたてる"柱"が目的です。互いに協力し合わないと、目的という名の柱は立ちません。目的の達成のために、自分の言い分を譲るという選択肢も生まれてきます。柱を立てることで、対立している者同士が仲間(チーム)となれるのです。

具体的には、「何のためにやるのか?」(Why:ミッション)、「何を目指すのか?」(What:ビジョン)「何を大切にするのか?」(How:バリュー)などです。これらをまとめて**コモングラウンド**と呼ぶ場合もあります。

F　私たちは誰にどんな幸せを届けていきたいですか?(Why)
F　私たちが実現したい最高の未来はどんなものでしょうか?(What)
F　これだけは譲れないという"こだわり"は何なのでしょうか?(How)

☛心から奮起できなければ意味がない

ところが、実際のケースでは、そう簡単に柱が立たないことがよくあります。たとえば、ある企業の中で部門同士が対立していたとします。それを束ねるための目的や関心事は何がふさわしいでしょうか。

すぐに思いつくのが「売上(利益)の達成」「顧客満足度の向上」「創造的革新を続ける」といった言葉です。果たしてこの程度の話で、部門同士がひとつ

になって奮起できるでしょうか。

図5-10｜合意の3要素

　こういったありきたりの目的でまとまるようなら、苦労はしません。もっと心にズシンと響く具体的な言葉がほしいところです。「自分で使える金・倍増計画♪」「お客さんの200％の笑顔が見たい！」「ありえないことを、ありえるように」といった、自分たちの口から出るオリジナルな言葉が。

　抽象的な目的を掲げて、分かったつもりになっているときは、もう一段掘り下げなければなりません。そうして、先鋭化したイメージを持ちながらも、いろんな意味で解釈できる言葉を紡いでいくようします。

F　その未来が実現したときには、どんな世界が現れますか？（Why）

F　それによって、何がどう変わり、何が訪れるのでしょうか？（What）

F　その価値をこだわりぬけば、何が現れるのでしょうか？（How）

☛感情の共通項を見つけ出そう

　これでもまだ柱が立たないときがあります。「こうなったのはお前のせいだ」「そんなこと言えた義理か」といった気持ちが絡む対立です。こうなってくると、こんな言葉では到底ひとつになれません。下手にやると「そんなことくらい分かっている。だからあいつが……」となって火に油を注いでしまいます。

　こういう時は感情に注目しましょう。意見や信念は違っていても、気持ちに共通項があるかもしれません。愛着、後悔、恥、恐れ、自尊心といったように。

F　本当にこの仲間を愛する気持ちがどれくらいありますか？（愛着）

F　このままライバルにやられて悔しくはないのですか？（後悔）

F　私たちに期待しているお客様や地域の人に顔向けできますか？（恥）

F　この問題で、悲惨な目に遭うのは我々自身ではないのですか？（恐れ）

　この手の質問はタイミングと言い方が重要です。ソフトにやるなら、散々言

いたいことを言い合い、完全に行き詰まって沈黙が訪れたときに、ポロッと投げかけます。ハードにやるなら、徹底的にぶつかり合いボルテージが最高潮になって一触即発になったときに「いい加減にしてください！」とキレながら投げかけます。どちらがよいかは、やってみないと分かりません。

　うまくいけば、全員が我に返って「ハッ」とさせられ、一瞬で気持ちがひとつになります。その瞬間だけ自分と相手の境がなくなり、不思議な一体感が場に生まれます。これを**ホットスポット**と呼びます。心がつながったのです。

☛ホットスポットは予期せずやってくる

　ホットスポットとは、心理学者Ａ.ミンデルが開発した**プロセスワーク**で用いる概念です。誰かの発言がトリガーとなって、一瞬のうちに緊張や興奮が高まり、場全体がひとつになる瞬間です。

　人は誰しも、「これを言ってはお終い」「これだけは口が裂けても言いたくない」というエッジ（壁）があります。それが、売り言葉に買い言葉となっているうちにブレーキが利かなくなり、エッジを飛び越えてしまうことがあります。

　それは、未完のままで終わっていることを完了させるために起こったことです。決して悪いものではなく、ホットスポットが起こると、**完了に向けて何かが一歩進む**わけです。

　ただし、性急にエッジを飛び越えると、言った人も言われた人も傷つく恐れがあります。そういう場合はスローダウンさせて機が熟するのを待ちます。

　ホットスポットになったら、今がそうであり、そこにとどまることを宣言します。その上で、ペースダウンを図りながら、いま何が起こったのかをひも解いて、自覚を促すことから始めます。

　　F　この張り詰めた空気は何でしょう。何が起こったのでしょうか？
　　F　何が起こったのか、ゆっくり説明してもらえませんか？

　起こるべくして起ころうとしているのに、ちゃんと扱わずにごまかしてしまうと、また同じような対立や紛争が起こります。うやむやにせずに、安全な場で丁寧に扱い、未完のものを完了させていくことが重要です。

3-3　互いの領分を超えた智恵を引き出す

☛自分は被害者で、他者が加害者?

　信頼という名の土台ができ、目的という名の柱が立った。これで合意形成に必要な関係性がかなりでき上がりました。最後は、枝を伸ばして、代替案という名の実をたくさんならせることです。どれか1つが合意につながるように。

　そのためには、もう一歩関係性を高めておく必要があります。ここで総論賛成・各論反対になって、積み重ねてきた合意が瓦解することがあるからです。

　いくら目的が一致できても、最後は**具体的な行動に落とし込まないと問題も対立も解決できません**。ここまでは机上の空論で痛くもかゆくもないのですが、具体策となると自分にやっかいな役目が回ってくる恐れがあります。ここへきて、ようやく真剣に主張しようとする人も少なくありません。

　第4章3-3で「成功は自分の手柄、失敗は他人の落ち度」と考えてしまう自己奉仕バイアスを説明しました。加えて、自分のことは分かっても、自分が周囲からどう見られているかは分からない、という話もしました。2つが一緒になると困ったことが起きてしまいます。

　「自分は被害者で、他者が加害者である」と思い込むことです。特に、たくさんの利害関係者が絡む問題では露わになります。ところが、相手もそれぞれ同じように考えています。すると「誰が悪いのか?」の犯人探しや責任の押しつけ合いになります。非難の応酬合戦に陥ってしまうのです。

☛互いに貢献し合う関係を目指す

　こういった状況は特定の原因があって起こるわけではありません。原因と結果が複雑に絡み合い、悪循環になっているのが普通です。

　すべての人が問題の片棒を担いでいます。問題が悪化することに加担しているわけです。他者と同様に自分も加害者であり、そのせいで迷惑を被っている被害者が必ずいます。そのことを認識せずして前には進めません。

　他者がそうせざるをえないのは、自分がそうするからです。自分が変わるこ

とで、相手も変わります。そう考えて、まずは自分から変わることを考えないと議論が前に進みません。

> F　目的の達成のために、あなたがさらにできることは何でしょうか？

その上で、他者への要求ではなく、貢献を考えます。「他者にどうしてほしいか？」ではなく、「他者に何ができるか？」を考えるのです。

> F　あなたが相手に対して貢献できることはありませんか？
> F　そのお返しとして、相手に何をしてほしいと願っていますか？

さらに、新たな視点で一致協力してできることを探していきましょう。相手に火中の栗を拾わせるのではなく、一緒に危ない橋を渡ることを考えるのです。

> F　両者が協力し合うからこそ、できることはありませんか？

「私は私、あなたはあなた」ではなく、各々の領分に踏み込んで 相互乗り入れができるようになったら、互いに助け合える仲間になれたといえます。これが本当のチームであり、対立はそんな関係をつくり出す絶好の機会となります。

図5-11｜貢献し合える関係性を目指す

3-4 不誠実な振る舞いに適切に対処する

☞ファシリテーターは民主主義の守り神

　合意形成とは、みんなが納得できる解決策をつくり出すための共同作業です。にもかかわらず、自分に有利な結論を得るために、いろんな手を使って相手をやりこめようとする輩がいます。

　フェアな議論を進めるためには、見て見ぬふりをしていてはいけません。行きすぎたときは、断固たる介入をしなければなりません。そのためには、相手の手の内と対処法を知っておく必要があります。

１）ルール違反

　自分の正義を振りかざしてプロセスを軽視する人です。決められた話し合いの手順やルールを無視する、長い時間発言を占有する、威嚇的な口調で発言する、納得できなければ合意事項を蒸し返す、といった手を使います。民主主義のルールを破る人にはみんなでレッドカードを突きつけましょう。

> F　皆さん、こういったルール違反の行為をどう思われますか？

２）情報操作

　「問われなかったから」と意図的に情報を隠す、相手の誤解を誘う言いまわしをワザとする、目的を隠して相手から情報を引き出す、後出しジャンケンで隠し玉を出す、といった信頼関係に関わる行為です。不誠実な振る舞いの意図をあばいて、自分の得にならないことを分からせるのが一番です。

> F　あらかじめそれを狙って言わなかったんだ。我々も気をつけましょう。

３）心理操作

　相手の苛立ちを誘う遅刻や途中退席、いきなり高めの要求を突きつけるアン

カリング、恫喝や不安を煽って動揺を誘う、取引条件をちらつかせる、などがあります。フット・イン・ザ・ドアやドア・イン・ザ・フェイスといったテクニックもやり過ぎは禁物。やはり手の内を明かしてしまいましょう。

F　おっと出た。ここでアンカーを打っておこうというのですね。

4）すり替え・はぐらかし

都合が悪くなると、論点や質問内容をすり替える人が少なくありません。言葉の意味を曖昧にして、都合に応じて使い分ける人もいます。本筋でない別の論点を持ち出して煙に巻くのも得意技です。なし崩しにならないように、1つひとつ確実に片づけるように促します。

F　いま質問があった点についてまだ答えていませんけど……。

5）詭弁・強弁

もっとも多いのは極論です。極端な話を持ち出して困らせる、無理な二択を迫る、完全な解決策を求める、といったものです。もう1つ多いのが、わずかな事例を元に結論を導く過度の一般化です。「今やグローバル化だろ？」といったようにバズワード（流行り言葉）を論拠に攻めてくる人もいます。1つひとつ細かくチェックしておかないと持っていかれてしまいます。

F　ハイ、それは言い過ぎ。そこまでは田中さんは言っていませんよ。

6）決めつけ

「みんな言っている」「会社とはそういうものだ」「おそらく間違いない」といった感覚を根拠に決めつける人が少なくありません。そういう人に限って、「だからお前は」「どうせ君には」と人間性を論拠に主張を否定しようとします。まともなロジックとなるように論拠を求めていくしかありません。

F　で、それはどういう事実に基づく話なのですか？

Column-5◉勇気を持って炎の中へ

　私たちの組織活動は意思決定の連続です。会議を見ても、リーダー決裁、全員の合意、多数決といったさまざまなやり方を駆使して意思決定を図ります。では、本来はどんな決め方が望ましいのでしょうか。

　社会心理学の長年の研究によれば、集団（大衆）の決定は、個人の平均点よりは優れたものになるものの、集団の中で一番賢い人（賢者）の決定を上回ることはない、ということが分かっています。

　つまり、チームの中で一番賢い人が特定できて、その人が私利私欲を追求しない公平無私の人なら、十分に議論を尽くした上で、リーダーに任せるのが得策となります。問題はそれができるかです。

　というのは、あるテーマについて一番頭が切れる人でも、テーマが変われば一番賢い保証はありません。ましてや、未知の問題においては、賢者を決めようがありません。それに、ひらめきや創造性は、多様な人がぶつけ合う中でこそ生まれてきます。結局、私たちがこれから直面する複雑で未知の問題は、みんなの合意で意思決定するしかないわけです。

　といっても、こうすれば必ずうまくいくという方法があるわけではありません。合理的に解決できる問題か、参加者同士の世界観がどれほど離れているのか、によって進め方が大きく変わってきます。さらに、当事者が協調的関係にあるのか競合的関係にあるのかの見極めも重要です。これらを総合して最適なやり方をデザインしなければなりません。

　ときには、人と人が炎を上げて激しくぶつかり合う局面に出くわすこともあります。炎に巻き込まれないためには、どんな多様な意見や信念でも理解して受け入れる度量が求められます。加えて、ファシリテーター自身の心の中に起こっていることを見つめる目が必要です。それがあって初めて、燃えさかる炎の中に毅然として立てるようになります。

　それでも炎に焼かれそうになったらどうするか。炎に身を委ね、焼け跡から何が生まれるのか、とポジティブに考えるしかありませんね……。

参考：堀公俊、加藤彰『ディシジョン・メイキング』（日本経済新聞出版社）

第 6 章

実践！
ファシリテーション技法
Phrasing

ケース1 問題解決の場でのファシリテーション

　ここまで、ファシリテーターの４つの基本動作を実践フレーズとともに紹介してきました。最後に、これらをどう組み合わせれば実際に話し合いが促進できるのか、討議例を見ていただこうと思います。

　ファシリテーターが、どんなタイミングでどのようなフレーズを用いるのか（左部）、それはどういう考えからくるのか（右部）、をセットにしてご覧ください（番号は４つの動作を指します：①論点を定める、②真意をつかむ、③考えを広げる、④共通項を見出す）。

　ただし、ファシリテーターの働きを分かりやすく見せるために、介入がとても多くなっています。実際には、メンバー同士の自発的な話し合いに委ねる場面が多く、あくまでも学習のための例とご理解ください。

活用シーン　定例会議で具体案を生み出す

　毎週月曜日は課内会議の日です。今日もたくさんの案件を、主任がファシリテーターとなってさばいていきます。一通りの進捗報告や連絡事項をこなした後、人事部から要請が来ている「残業代の削減」について議論することになりました。どんどん業務が膨れ上がる中、辞めた人の補充もままなりません。頭の痛い問題ですが、今日は何らかの結論を得なければなりません。

実践のヒント　合理性と納得感のバランスを取る

　こういった会議で一番求められるのは、限られた時間の中できっちりと成果を出すことです。だからといってリーダー（課長）の一存で物事を決めたのでは、みんなが思うように動いてくれません。**１人ひとりの参加を引き出しつつ、自らが答えにたどりつく**ようリードしていかなければなりません。

　単なる思いつきの対症療法にならないよう、考え方の筋道をしっかりと組み立て、合理的に議論することが大切です。とはいえ、なかにはモチベーションが絡む問題もあり、感情面に配慮することも必要です。両者をうまくバランスしながら、着実に議論を進めていくようにします。

話し合いの様子	ファシリテーターの心の中
F これから残業代の削減について議論していきたいと思います。今日だけで具体策を決めるのは難しいかもしれませんが、方向性だけはキッチリ決めたいですね。	①あまりガチガチにやると形だけの策を考えちゃうので、今日はゴールを少しゆる目にしておこう。でも、ガス抜きで終わらないよう、ゴールは明確に。
課長 人事に報告をしなければならないので、実現性の高いユニークな案を出したいよね。	課長、アシストありがとうございます。ゴールの期待レベルを伝えることも大切ですよね。
F いきなりアイデアを出しますか？ それとも原因を探るところから？ あるいは、他のやり方でも……。	①ここは納得感を高めるために、進め方の選択肢を示すことにしよう。
土田 分析してくれたレポートもあるので、認識合わせからやりましょうよ。	前提を合わせる意味で、一応用意しておきましたが……。
F では、そこからやってみましょうか。お手元の残業の実績表をご覧ください。月別・年別の分析グラフもあります。なぜ、最近、残業が増えているのでしょうか？	①そうは言っても、時間がないので、事実確認はすっ飛ばして、原因探しくらいから始めようかな？
上西 見て分かるのは、半年前から増えていることです。明らかに、永田さんが辞めたことが契機となっていませんか？	おっと、やっぱりそこに来たか。妙な話にならないよう、丁寧に扱っておいたほうがいいな。
F 仕事と人員が見合っていない、とおっしゃりたいのですね？ 課長、この話、今日はどうしましょうか？	②たぶん、こういうことを言いたいのかな。合っていますか？
課長 みんなに苦労をかけていることは、申し訳ないと思っている。その話は私が人事にかけ合うので、今日は我々ができることだけを話し合ってもらえないか。	さすが、課長、うまく気持ちだけ受け取ってくれました。
F なら、我々でコントロールできることだけに今日は集中しませんか？	①答えの出ない話は議論してもムダ。答えの出る話をしましょう。
野口 だったら、原因を分析しても仕方ないよ。さっさと、アイデアを出しちゃおうよ。	そうそう、その通り。愚痴の言い合いは、やめませんか？
F そもそも論を話すよりはいいかもしれま	①こんな話なので、なおさらポジティブにやり

せんね。皆さん、それでいきますか？

土田　じゃあ、こんなのどう？　知人の会社では8時になったら消灯するらしいよ。

F　なるほど。同じようなアイデアはありませんか？

野口　それなら、パソコンを使えなくするのが一番。なしでは仕事ができないし。

F　お2人とも、強制的に仕事ができない環境にする、というご意見ですね。その点でアイデアがある方は？

上西　そういうのは効果があるけど、結局、抜け道をつくって仕事するんじゃないの。

F　本質的な解決策にならない、ということですね。どんな案が考えられますか？

上西　いい案はないんだけど、結局、付き合いで遅くまでいたり、長く働くことがいいことだと思っていたり……。

小川　それに、家に帰ってもすることがないから、残業するんじゃないかしら（笑）。

F　要は、私たちの習慣やライフスタイルに、本当の原因があるとおっしゃりたいのですね。仮に、そうだとしたら、どんな手が打てるでしょうか？

小川　まずは、課長に率先して早く帰ってもらわないと。長く働くことはいけないんだと、身をもって示してくださいよ。

課長　え、俺？　まあ、それはしないといけないと思っているんだけど……。

F　じゃあ、皆さんが、課長が早く帰るためにしてあげることはありませんか？

ましょう。

口火を切るにはナイスな意見ですね。土田さんらしいや。

③まずは、みんなを話しやすくするよう、パスをつなげていこう。

いい具合にアイデアがつながってきたぞ。

③④ここで軽くまとめてと。もう少しつなげられればいいアイデアが飛び出すかも。

きたきた、せっかく乗ってきたのに、水を差す人が……。

②たぶん、上西さんは、ここにこだわっているんじゃないかな？

要は、ワークライフバランスのことをおっしゃっているのかも？

なるほど。そう思っている人が結構いそうだ。だったら、そちらに議論を振ってみるか。

①④ここでみんなの心の中にあるものを整理しておこう。その上で、もう一度アイデア出しに論点を戻しておくとするか。

そこですか。まあ、悪くないけど、課長1人に責任を押しつけるのもねえ……。

そりゃそうだ。ちょっと、方向を変えないとまずいかな。

①③少し視点を変えて、こういう論点で考えるとどう？

土田	すみません。デイリーレポートは必ず時間内に出すことにしまっす。		また土田さん、ヒットです。じゃあ、それに乗っからせてもらいます。
F	いいですね。そんなふうに、皆さん1人ひとりが取り組みたいことに、みんなで協力するというのはどうでしょうか？		②みんなが暗黙のうちに期待していることって、こういうことじゃないの？
上西	それだよ。我々に足りないのは。そこが本当の問題なんだよ。		やっぱり、そこだったのか。課のあり方に不満を持っていたんだ。
F	では、後で一覧表を回覧しますので、皆さんが取り組む課題と、他の人の課題に協力できることを埋めてください。		④時間がないので、今日はいったんここでまとめとしよう。
課長	この取り組みを、7時までに帰ることを目指してアクション7と名づけない？		課長、いい提案です。これでやる気も高まりますよ。

ポイント解説 伝える資源を最大限に活用する

　基本動作をうまく使った、オーソドックスな会議のファシリテーションです。単にゴールを達成するだけではなく、本質的な問題に気づき、チーム力をアップさせることにつながりました。

　特徴的なのは、**1人ひとりの持ち味やキャラを活かしている**ことです。ノリがよくて気兼ねなく発言する人もいれば、深く考えるのが得意な人もいます。特長をうまく引き出し、有機的につなげていきながら、話し合いの大きな流れをつくり出しています。

　そういう点では、リーダー（課長）もうまく流れに組み込んでいます。本流からは少し距離を置いてもらいながら、要所をしっかりと押さえてもらっています。いわば、アシスタント・ファシリテーター的な役割を担っているのがお分かりになったでしょうか。

　なかには、ファシリテーター自身が、メンバーの言いたかったことを代弁しているところがあります。時間の制約もあり、この程度は許される範囲だと思います。また、最後の結論が具体的なカタチ（一覧表、ネーミング）として示されているのも評価できる点です。

ケース2 アイデア発想の場でのファシリテーション

　ロジカルに意見をまとめることも重要ですが、クリエイティブなアイデアを引き出すのもファシリテーターの大切な仕事です。商品開発、新規ビジネス企画、マーケティングなど、アイデアの質が要求される分野はたくさんあります。改善活動や業務改革を進めるのも最後はアイデアが勝負。対立の解消も良いアイデアが出るかどうかにかかっています。

　とりわけ、最近ではいろんな分野でイノベーションが求められるようになってきました。どうやってチームの智恵を引き出すかは、ファシリテーターにとって切実な課題と言ってよいでしょう。

活用シーン アイデア会議でコンセプトを詰める

　今日は月に一度のアイデア発展会議の日。テーマは「書店の楽しみ方を120%アップさせるには？」です。この日に備えて、お気に入りの書店に足を運び、店内の様子はもちろん、顧客や店員の振る舞いをつぶさに観察してきました。

　そこから、「本離れが加速する今、書店での経験をもっと楽しいものにする必要がある」という問題が浮かび上がってきました。今から解決策のブレーンストーミング（ブレスト）が始まります。

実践のヒント アイデアの相互作用を高める

　ダラダラと話し合っていても良いアイデアは生まれてきません。集中的に課題に取り組むことが大切であり、参加者の心にうまく火をつけないと、ブレストが盛り上がりません。この手法が持つ意味を十分に理解した上で、**みんなを上手に乗せていく技が求められます。**

　事前に考えてきたアイデアを出し合うだけなら、わざわざ集まる必要はありません。一通りのアイデアが出た後、智恵の相乗効果を生み出せるかにかかっています。あわせて、チーム作業によるマイナス効果（→P017参照）をいかに抑え込むかも考えなければいけません。

話し合いの様子	ファシリテーターの心の中
F　皆さんは4つのルール（自由奔放、批判厳禁、便乗歓迎、質より量）はご存じですね。30分あれば、30個くらいアイデアは出せますか？	①チーム意識と集中力を高めるには何はさておきゴール（目標）設定をしなければ。それも高めのストレッチゴールを。ここは押しつけずにみんなで決めてもらおう。
吉田　せっかく集まったんだから、50個くらい狙おうよ。	いいですね。それくらいなら十分狙えます。
F　では、話の取っ掛かりに、書店での経験から切り口を探してみましょうか。	②まずは、一番話しやすいところから。フィールド調査でいろんな経験をしただろうし。
北村　あらためて書店で感じたんだけど、あんなにたくさん本があったら何を読んでいいか分からなくなるんだよ。	いいですよ。そういうインサイト（洞察）こそがアイデアの種になります。
F　と、おっしゃいますと？	②その気づきをアイデアにしてくださいな。
北村　自分の関心を伝えたら、お薦めの本を紹介してくれないかな。	ン、ちょっと平凡かな。まあ最初だから仕方がないけど。
吉田　それって、既にやっているよ。書店員さんに訊けばいいんだよ。	やっぱり、けなされちゃった。ここはフォローをしておかないと。
F　批判ではなくて、何かそれに乗っかって思いつくことはありませんか？	①③くだらないアイデアであっても、他のアイデアを誘発できれば役に立つんですよ。
吉田　そうだなあ……。書店員さんって、本の専門家であっても、そのテーマの専門家ではないんですよね。	吉田さんは、どうしても問題点を挙げて、批判ぽくなっちゃう。どこかでポジティブに切り替えてもらわないと困るなあ。
F　確かにそうかも。たとえば？	②いったんは受け止めた上で、具体例を……。
吉田　だって、料理本の担当者が料理に詳しいとは限らないでしょ。	分かりやすいたとえをありがとうございます。みんなもよく分かったはずです。
F　つまり、どういうアイデアでしょう？	②イメージが湧いたところで……。
吉田　本を紹介するだけではなく、知りたい情報やアクセス方法を教えてくれるとか。	悪くないアイデアだけど、意味が伝わったかな？
F　似たような話、どこかにありません？	③ここはアナロジーを使って……。

藤井	コンシェルジュだ！ ホテルにいるじゃない。どんな相談にも応えてくれる。
F	おっと、藤井さん、ようやくスイッチが入ったようですね。
北村	それはいい！ どんな知識・情報に関する悩みにも的確にアドバイスしてくれる。そんな人がいたらいいなあ。
吉田	でも、そんな便利な人、どこにいるの？ 雇うとお金もかかるよ。
F	だから、批判じゃなくてアイデアをお願いしますよ。要は、お金がかからない方法があればいいんですよね。
吉田	え、そんなことできる？
F	「書店員でなければならない」というのを外して考えるとどうなりますか？
藤井	分かった！ ボランティアにやってもらえばいいんだわ。料理が好きな人は料理を語ると。
F	いいですね。ついでに自分のお気に入りの本を並べちゃう。フリマのように。
藤井	そうそう、本に限らず他の商品も並べておくとか。
F	それって、一言でいうと、どんな書店になるのでしょうか？
北村	お客と店員の垣根を越えて、みんなが参加できるホビーステーションのような……。
F	みんなでつくる書店？
北村	そうそう、それそれ。みんなでつくる書

藤井さん、ありがとうございます。とてもいいアナロジーだと思いますよ。

②ここは軽くフィードバックして、勇気づけをしておこう。

みんなもどんどん乗ってきて、ようやくブレストらしくなってきましたよ。

なのに、また吉田さんがネガティブな意見を。困った人だなあ……。

①③もう1回釘をさしておかないと。さらにリフレーミングを使って、ポジティブな話に転換しちゃえ。

思いつかないのはあなたの頭が固いから。

③思い込みを外せば、新たなアイデアが生まれるはず。

また、藤井さん、ありがとうございます。発想を広げる"トリックスター"として大活躍です。

③モデリングや組み合わせを使いながら、この流れに乗ってアイデアを広げちゃおう。

さすが、うまく発展させてくれました。では、そろそろ……。

④いったんアイデアを収束させて、イメージを固めてしまおうかな。

なるほど、そんな言い方もできますね。ただ、もっとワクワクする言葉はないかなあ……。

②仕方がない。ここはあえて言い換えを。

受け入れてもらえたようです。よかった。

店、いいんじゃない！

吉田　それなら、いろいろアイデアが湧いてくるような気がするよね。店によって、特長も出せるし。

F　じゃあ、「みんなでつくる書店」シリーズで徹底的にアイデアを広げてみましょうか？　それが行き詰まったら、また新たな切り口を探すということで。

吉田　やってみたいのが1つあるんだ。ネコ好きの人が集まる書店ってどうかな？

F　私も楽しくなってきました。その調子でどんどんいきましょう！

どんどん発想が広がっていくようで、どうやら1つの鉱脈を掘り当てたようです。

①③だったら、いったんは論点を絞り込んで、集中的に考えてみましょう。

そこですか。いやいや、面白いですよ。その調子でどんどんやりますか。

③自己開示をして私も乗っかります。さあ、頑張りましょう！

ポイント解説　テンポよくつないでノリをつくる

　ブレストで大切なのはアイデアを"つなぐ"ことです。ノリが生まれれば、遠慮やサボリも減って、次々と面白いアイデアが飛び出すようになります。アイデアを受け止め、発展させる、「イエス＋アンド」（Yes,and）のリズムをつくるように心がけます。

　逆に、発想の連鎖が切れて場が白けてしまうと、アイデア発展もムードづくりもイチからやり直さなければなりません。ファシリテーターの受け答えはもちろん、板書のスピードや質問のタイミングも、ノリに大きく影響をします。どんどんアイデアが出ているときは、こんなふうにファシリテーションをする必要もなく、場の流れに委ねてしまっても構いません。

　そんな中、ファシリテーターができることがあるとしたら、**常識やタブーといった思考の壁を自らが打ち破る**お手伝いです。ファシリテーター自身の頭が柔らかくないとできません。

　加えて、メンバーの興味・関心などをもとに、「ここを掘ればアイデアがザクザク生まれる」という金鉱脈に導いてあげることです。直感で判断するしかなく、嗅覚が働くかどうかでアイデアの質も量も大きく変わってきます。

ケース3 チーム・ビルディングの場でのファシリテーション

　私たちの本当の仕事は何なのか？　誰のために仕事をしているのか？　何を目指して頑張っているのか？　何を大切にしていきたいのか？　こういった"そもそも論"を話し合い、自分たちの活動の意味を分かち合うことでチームの力が高まっていきます。

　そのときに用いられるのが「対話」（**ダイアログ**）と呼ばれる話し合いの手法です。関係性を高める「会話」（カンバセーション）や結論を目指した「議論」（ディスカッション）とは違い、互いの思考を深め合い、新たな考えを探究するための話し合いです。

活用シーン　チーム合宿でビジョンをつくる

　新しいプロジェクトチームの合宿も2日目の朝となりました。昨日は、互いにどんな人なのかを知り合ったり、プロジェクトに対する期待や課題を率直にぶつけ合って、チームの関係性を高めることに終始しました。

　ここからは、2年におよぶチーム活動の"拠りどころ"を話し合うステージとなります。共通の認識がうまくできなければ、ひとつのチームとしてまとまって活動できません。合宿の大きな山場がやってきました。

実践のヒント　真剣な対話を促進していく

　ある考え〈正〉に対して、相反する考え〈反〉をぶつける。それを統合するために、さらにレベルアップした考え〈合〉を発見する。これが思考を深めるための一番良い方法です（→P163参照）。

　ところが、私たち**日本人は違う考えをぶつけ合うことに慣れていません**。人間関係が傷つくのを恐れて、曖昧な会話でお茶を濁したり、綺麗ごとで済まそうとします。勇気を出して対論を述べると、ムキになって議論を吹っかけられ、感情的なしこりが残る場合もあります。そうならないよう、ファシリテーターが適切に対話を舵取りしていかなければなりません。

話し合いの様子	ファシリテーターの心の中
F 今日の問いは、「このプロジェクトで私たちチームが心から大切にしたいと思うことは何でしょうか？」です。どなたからでも結構です。口火を切ってください。	①他人事にならないよう、問いを「したいと思うこと」にして、意思を持って話し合ってもらおう。あわせて、「私たち」「心から」と強調の言葉を入れて、問いの持つ力を高めておくと。
木下 とにかく、楽しくやろうよ。そうでないと続かないからね。	「楽しい」って何？　あとでじっくりと突っ込むことにしよう。
F なるほど「楽しくやる」ですね。同じ意見の方はいますか？	③まずは、みんなに気楽に話をしてもらい、おおよそ何を考えているのかを知りたいな。
川本 ぜひ、楽しくやりたいですね。	これって本当に同じ意見なの？
F 川本さんの楽しいって、どんな状態なのでしょうか？　たとえば、どんな経験をお持ちですか？	②もう少し具体的にしてもらわないと。こういう抽象的な言葉は事例で説明するのが一番。自分の経験に裏づけされたものならさらによし。
川本 以前やった別のプロジェクトの話なんですが、とても元気な仲間が多くて、チームに活気があふれていました。	そこですか。だとしたら、たぶん、木下さんの「楽しい」とズレているな。
F 木下さんの「楽しい」も同じですか？	②ここはクローズド質問で確認を。
木下 それもあるけど、仲間同士で喜びを分かち合うといったような、チームで活動する楽しさを言ったつもりです。	ほらほら、微妙に違う。ただ、それほど考えて言っている節もなく、あまり攻めても思いつきの話が出てくるだけかも。
F 関係性の話なのは同じですが、少しイメージが違うようですね。では、まったく違った意見の方はいませんか？	④③一度、大ぐくりでまとめておいて、もっと対話の幅を広げておこう。それには、相反する意見を集めるのが一番。
松田 そういった関係性は大切だけど、それでいいのかな？	ほらほら、来ましたよ。
F とおっしゃいますと？	②軽く促して……
松田 それだと仲良しクラブになっちゃうよ。着実に成果を達成していくからこそ楽しいんじゃないの。	いかにもやり手の松田さんらしい意見だ。ただ、「仲良しクラブ」と言われるとあまりいい気がしないんじゃないかな。
F 松田さんは、仕事のプロセスではなく、	②④感情的なやりとりにならないよう、ここは

	成果こそが楽しさにつながる、そうおっしゃりたいのですね。
松田	ハイ、その通りです。
F	だとしたら、一番楽しく感じるのは、プロジェクトが終わった瞬間、ということになりませんか?
松田	まあ、それはそうですが、途中にも小さな成果があるはずで……。
川本	分かったぞ。自分たちが成果に向けて一致団結して頑張る。協働の喜びこそが、「楽しい」につながるんじゃない?
F	それをもう少し自分の言葉で言うと?
川本	成果の達成に貢献できているとか、誰かの役に立っているという感覚かしら。
木下	そうそう、それを言いたかったんですよ。
F	それは、自分が感じられればOKですか? それとも、みんなに認めてもらう必要がありますか?
松田	前者だけだと寂しいな。「お前がいるからうまくいった」と言ってもらいたいよね。
木下	じゃあ、「素直に感謝し合えるチーム」を目指す、というのはどう?
F	新しい切り口ですね。もっとイメージが湧くような表現はできませんか?
川本	ズバリ「ありがとう!」ですね。力強く。
F	それを言葉で言い換えると?
松田	力強い笑顔と声で「ありがとう!」を言

対立軸を整理すると同時に、言い換えをしてしまおう。

うまく乗ってきてくれたぞ。だったら……

②④ここはわざと極論を使って〈反〉を出して、意見に対する自信のほどをチェックしておこう。

おっと、ひるんだな。誰か拾ってくれないかな?

うまくレベルアップした考えを出してくれました。そうそう、そういうのを期待していたんですよ。

②どこかで聞いたような言葉はやめましょう。

さすが川本さん、うまくまとめてくれました。

賛同してくれるのはいいんだけど、少し安易かも?

②③ここは新たな切り口を出して、もう少し深掘りをしてみよう。分かりやすくするために二項対立で。

そうですよね。さあ、誰がそれを発展させてくれるか。

いいんじゃないですか。借り物の言葉だったのが、自分たちの言葉になってきましたよ。

③言葉のやりとりばかりでは行き詰まるので、右脳を使ってイメージを膨らませてみよう。

それそれ。その一言で共有ができました。

②であれば、もう一度言葉に戻そう。

これで完全に自分たちの言葉になったようだ。

い合えるチーム、というのはどう？

F　それは何に対する感謝なんでしょうか？

川本　互いの貢献もあるけど、成長こそが大切なんじゃない。このプロジェクトを通じて、一段レベルアップしたくない？

F　「一皮むける」ということでしょうか？

木下　それそれ。だから成果も出るし、楽しいし。それも加えようよ。

F　つまり、互いの成果と成長への貢献に素直に「一皮むけたね」「ありがとう！」と言い合える。そんなところでどうでしょうか？

もうひと踏ん張りかな。

③目的がまだ曖昧のままだったので。

よいところに気づいてくれました。それがありましたね。

②ここはあえて言語化のお手伝いを。

ようやくみんなの考えがひとつになりました。

④ひとまずここでまとめておいて、確認をとっておこう。まだ、時間があるなら、もう一回くらい正反合を回してみようかな。

ポイント解説　言葉にこだわり、粘り強く考えさせる

　言葉を駆使しながら、物事の意味や本質を探っていくのがダイアログです。言葉を曖昧にしたり、同じ言葉を違う意味で使っていたのでは、対話が深まっていきません。ファシリテーターとしては**徹底的に言葉にこだわり、互いが意味するものを明らかに**していきます。しかも、誰かの受け売りや借り物の言葉ではなく、自分の言葉で語ってもらうことが重要です。

　抽象的な理屈を言いたてる人には具体的な事例をぶつけてみる。具体的な経験談を語る人には抽象的な原理原則を持ってくる。そうやって、抽象論と具体論を行ったり来たりするのが、対話の典型的な深め方です。思考の**頑強性**（ロバストネス）を高めるために、ファシリテーター自身があえて対案を出すのも悪くありません。

　ダイアログは、異なる意見を調整して合意形成するものではありません。相反する考えを調和する新たな考え〈合〉が生まれ、「なるほど！」「そうだったのか！」とみんなが"目からウロコ"となれば何よりの収穫です。ただし、その時点での到達点〈正〉であって、〈反〉をぶつければ、新たな〈合〉が生まれてきます。対話はどこまでも深めることができるのです。

ケース4　合意形成の場でのファシリテーション

　立場の異なる人同士で合意形成しようとすると、少なからず意見の対立が生まれます。それは悪いことではなく、多様な視点から考えることで議論の質が上がり、可能性のあるアイデアをすべてチェックできます。創造的な解決策を導くためにも欠かせないものです。

　チームの中に適度な対立があるのは望ましいことです。対立をうまく乗り越えていく経験がチームの結束を高めてくれます。まさに「雨降って地固まる」であり、ギャップをチャンスに変えていかなければなりません。

活用シーン　部門会議で利益改善策を考える

　最近、会社の調子が思わしくありません。売上の不振のせいで、2年連続赤字が続き、今年度も目標の達成が危ぶまれています。すぐに打てる手として、「電話やメールでの顧客対応に当てている人員（正社員）を外注（非正規社員）に置き換え、経費を削減する」というアイデアが出されました。

　ところが、前回の会議では反対意見が続出し、時間切れで決着がつきませんでした。今日は仕切り直しです。賛成・反対の両派の代表が顔をあわせ、ファシリテーターの舵取りのもとで合意形成を目指します。

実践のヒント　問題のより良い解決策を考えさせる

　合意形成を図るのは議論するメンバー（当事者）であって、ファシリテーターが利害の調整や和解案の斡旋をするのではありません。そこを履き違えてしまうと、まとまる話もまとまらなくなります。

　加えて、合意形成とは、勝ち負けをつけたり、妥協点を探ることではありません。ましてや、ファシリテーターがあらかじめ考えてきた落としどころに持っていくものでもありません。

　複数の人間が関わる問題のより良い解決法を一緒に考えるのが合意形成です。それを忘れてしまうと、ファシリテーターの本来の役目が果たせなくなります。

話し合いの様子	ファシリテーターの心の中
F　今日は両者ともとことん話し合って、何らかの合意を築くようにしてくださいね。それでよろしければ、西村さんから考えを述べてください。	①こういうときは、どんな合意でもよいので、合意することを合意しておこう。でないと、言いたい放題になった上で、「後はよろしく」になりかねないから。
西村　この際、思い切ってお客様対応の仕事を外注化すべきですよ。経営が思わしくない今、背に腹は代えられませんよ。	まあ、西村さんの立場ならそうだろうな。ただ、何か裏がありそうな気もするなあ……。
山本　会社を愛する正社員による親切な対応こそわが社の強み。大した経費ではなく、絶対に手をつけるべきではないです。	販売一筋の山本さんのご意見もよく分かります。愛社精神のある方ですね。
F　外注化するかどうかを決める決め手は何でしょうか。サービスの質ですか？	④議論を進めるに当たって何か一致できる基準があれば話がしやすいんだが……。
西村　正社員じゃないからといって、対応が悪いわけではありませんよ。逆に、素人をイチから教育するよりマシかも。	この話、やってみないと分からず、深入りすると水掛け論になるだけかな。
山本　それだけではありません。いったん外注化したらノウハウが継承できません。必要な情報が上がってこなくなる恐れも。	なるほど、他にもいろいろ論点があるんだ。後で、代替案を出す材料として使えそう。
F　いろんな問題が絡んでおり、両者の考えには隔たりがあるようです。ところで西村さん、外注化にこだわる一番の理由は何でしょうか？	②対立ではなく"隔たり"と呼べば、険悪なムードも少しは和らぐだろう。まずは、両者の本当のニーズを引き出しておこう。
西村　それがわが社の強みであることくらい私も知っています。だからこそ、そこに手をつけることで危機感が高まるのです。	ホンネはそんなところにあったのか。だったらいろいろ考えられそうだ。
F　なるほど、危機感を醸成したいというニーズがあるわけですね。	②ここは軽くまとめておいて……。
山本　だからといって安易にやっていいものでしょうか。お客様離れが起きたら元も子もありません。リスクが大きすぎます。	お客様を第一に考える、営業らしい意見。その気持ちは最大限に尊重しておかないと。
F　山本さんはお客様満足度にこだわってい	④これなら共通項になるはずだ。まさか反対す

らっしゃると。その点、西村さんは？

西村　もちろん私も同じです。あくまでも経費とのバランスの話をしているわけです。

F　だったら、外注の話は一度おいて、「どうやって顧客満足を維持しながら対応コストを減らすか？」を考えませんか？

西村　それなら議論になりそうです。たとえば、優秀なベテランだけ正社員にしておき、残りを外注に、というアイデアですか？

山本　お客様や案件によって正社員と外注を使い分ける手もありますね。

F　もちろん、そういった妥協案もありますが、いずれ論争が再燃しかねません。もっと、賢い案はありませんかね？

西村　賢いってどういうこと？

F　お互いのやりたい目的を、別の手段でできないかを考えるのです。

西村　満足度の低下が気になるなら、出産などでわが社を辞めた女性に派遣に入ってもらえばいいんじゃありませんか？

F　そうそう、その調子。危機感の醸成のほうも何か代替案がありませんか？

山本　交代でお客様対応の応援に入るのはどう？　みんなで少しずつコストを負担することにつながりますし。

F　いいですね。では、もっと本質的なアイデアはありませんか？　そもそもなぜお客様対応が論点なのでしょうか？

山本　分かった！　これを「負のコスト」だと思い込んでいるからだ。顧客対応の情報

る人はいないだろう。

絶対論と相対論の違いというわけだ。であれば……。

①④これなら、両者が一致できる共通目的になるんじゃないかな。レベルを一段上げて考えましょう。目指すものは同じなんだから。

まあ、それも１つのアイデアですが、いかにも痛み分けといった感じだなあ。

これも、ダメとは言わないものの、もっと智恵が出せるはず。

③④結局、本質的なところで解決策が見出せていないと、また似たような話で対立が起きかねないや。

その質問、待っていました。

③ここで、思い込みを打ち破り、発想を広げる常套手段を使おう。

おっしゃる通り。正社員か外注かの二分法に陥るのはよくありませんね。

③もう片方も代替案（オプション）を考えておかないと、バランスが悪くなっちゃう。

なるほど、その手があったか。やれない手ではありませんね。

④頭が柔らかくなったところで、さらに“そもそも論”に戻ってみようかな。何か大切なことを忘れていませんか？

確かにそれはメンタルモデルだ。考え方を変えれば、問題が変わる。「認知転換アプローチ」

	を、新商品開発にしっかり活用すれば問題にならなくなるかも？		の典型ですね。
F	さすが。コストと見るか、投資と見るかで考え方が全然違ってきますよね。		③顧客対応のコストをネガティブにとらえるのは我々の思い込み。他にないかな？
西村	そもそも苦情対応や手の込んだ説明をしなくてよいような商品をつくること。そこに活かせばいいんですね。		対立していた2人の創発効果が生まれ始めたぞ。いい雰囲気だ。
F	西村さんもいいところに気がつきました。そう思いませんか、山本さん。		②ここは勇気づけた上で、2人の協力関係を強めておこう。
山本	光が見えてきたような気がします。		ですよね。
F	では、これらの中で軸になるものを選び、ブラッシュアップさせていきましょう。		①③ほぼ答えは見えてきたので、多くの人の思いを盛り込んだコンセンサスを目指そう。

ポイント解説 **そもそも論に引き戻すタイミングを見計らう**

　今回は、あらかじめ対立があることが分かっています。だからこそ、冒頭で話し合いのゴールを共有しておくと同時に、メッセージ→ニーズ→イシュー→オプションといった典型的な対立解消の流れで進めています（→P061参照）。状況によっては、グラウンドルールの設定も必要となります。

　実際には、どのタイミングで**論点の再設定**をするかが最大のポイントとなります。意見が出尽くす前にやっても軽く流されてしまい、逆に遅すぎると瑣末な話に入り込んで引き戻せなくなります。場のムードから議論の煮詰まり具合を見極め、投げかけるタイミングを計るようにします。

　対立がある状況では、ファシリテーターはなるべく解決アイデアを出さず、参加者からアイデアを募るようにします。自分たちが出したアイデアなら、多少不満足であっても、その中から選ぼうという気持ちになります。ファシリテーターが不用意に出すと、誘導への疑念や抵抗が生まれてしまいます。

　軸となるアイデアがいったん合意できたら、それに**双方のニーズをできる限り盛り込むことを怠らないように**しましょう。そうやって、みんなでアイデアを練り上げていくことで合意事項へのモチベーションが高まっていきます。

ケース5 組織変革の場でのファシリテーション

チームが一枚岩になっていないと、問題解決も合意形成もうまくいきません。複雑な問題を、自分の都合のよいように部分最適で考えたのでは、全体最適の答えが見出せなくなってしまいます。腹落ちしない答えで無理に決着をつけても、誰もやろうとせず、「絵に描いた餅」になってしまいます。

こういった状況を打ち破るのが**組織変革**のファシリテーションです。会議や研修の舵取りよりも一段高いレベルが求められます。理論や技術もさることながら、人と人が激しくぶつかり合う修羅場での実践経験がものを言います。

活用シーン マネジメント会議で経営再建策を立案する

営業、開発、生産の代表者が集まり、丸一日かけて経営再建策を議論することになりました。蓋を開けると、営業は「もっと売れる商品をつくれ」と開発に迫り、「どんな商品でも売るのが営業じゃないか」と反論をくらう。かたや生産は「まとめて発注してもらわないとコストが下がらない」と営業を非難し、「必要なときに必要なだけ商品をよこせ」と逆につきあげられる。

3者それぞれが「自分は被害者で、加害者は他にいる」と責任のなすりつけ合いをして、いつまでたっても議論が前に進みません。成り行きを静観していたファシリテーターですが、そろそろ仕掛けていく潮時となってきました。

実践のヒント 結論を焦らず、人と人をつなぎ直す

関係性を変化させるには時間がかかります。ファシリテーターが介在することで不完全燃焼になったのでは逆効果になります。結論を焦らず、まずはじっくりと当事者同士を議論させ、熟成を待つようにしましょう。衝突を怖がらずに、**起こるべきことは、早い段階で起こしてしまったほうが得です。**

そうしながら、プルからプッシュへの切り替えの時機をじっと伺います。1つひとつの問いかけが、相手の心に響くかどうかが勝負の分かれ目です。散々言いたい放題言って、暗礁に乗り上げた後の場面だと思ってお読みください。

話し合いの様子	ファシリテーターの心の中
F　お互い非難し合っていたのでは前に進みません。たとえば、他の人の意見で「なるほど」と思える点はありませんか？	②④違いを言い立てるのではなく、共通項を見つける方向に議論を向けよう。ハードルを低くして。
営業　まあ、開発が言う「もっと工夫しろ」というのも分からないではない。本当はやりたいんだけど、時間がないんだ。	なんだ、あるじゃないか。それを早く言ってよ。そう言えば、相手の頑なさも和らぐんだから。
開発　それは我々も一緒で、商品計画に追いまくられ、どうしても小手先の開発に。我々だっていいものをつくりたいんだ。	みんな問題の被害者なんだ。その連帯感が生まれたのはありがたい。
F　あるいは自分の主張で「無理があるな」と思えるところは一切ありませんか？	②④さあ、素直に自己開示ができるかな。これができれば、次の段階に……。
生産　まあ、相手が生身の人間だけに、100％確実に需要予測をしろとは言わないよ。そこそこでいいんだから、営業さん。	おっと出てきた。しかも、一番年長の生産担当から出るとは。こう言われたら、態度を軟化せざるをえないでしょう。
営業　そう言ってもらえると気が楽です。	ね。やっぱり。
F　ところで、開発部門の技術へのこだわりはどんな経緯で生まれたのですか？　物語があったら教えてください。	②さらに深掘りをして、互いの理解を促進させておこう。それにはストーリーテリングが一番。
開発　そりゃあ、10年前のヒット商品だよ。他部門の猛反対を押し切って発売して大当たり。あの嬉しさったら……。	なるほど。そういう成功体験があったんだ。これは使えるぞ。
F　他の部署も、それは分かりますよね。	②いい話なので、共感を促しておいて……。
生産　もちろん。あのときは工場がフル生産。全部門が応援に来てくれたしね。	いいですね。こういう協働体験がチームをひとつにしてくれるんです。
F　お聞きしたいのですが、そもそも皆さんはなぜこの会社で働いているのですか？	①④このあたりで論点を変えて、そもそも論に引き戻しておこう。
営業　そりゃあ、頑張って働いて家族を食わせないといけないからさ。	それもあるけど、もう少し考えてよ。
F　本当にそうですか？　それだけ？	②ここは力強く問いかけないと……。

生産	やっぱり、仕事が、いやこの会社が好きなんじゃないかな。なんだかんだ言って。
開発	そうかもしれませんね……。
F	その、皆さんが愛する会社や、皆さん自身が迎える最悪の結末は何でしょうか?
営業	つぶれる、という話だよね。それは困るよ。やっぱり、ここで働きたいよね。
生産	そうだよ。困るのは俺たちだよ。
F	それは皆さんだけの問題? 部下は? 家族は? ひいきにしてくれているお客様に顔向けできますか? ライバルにやられて悔しくないですか?
開発	そうだよ、こんなことを言っている場合じゃないよ。ここままじゃ嫌だよ、俺。
営業	ホントにそうだ。他人を悪者にしている場合じゃないよ。力を合わせようよ。
F	皆さんは、この問題の加害者であり、みんなで問題をつくり上げています。それを解決するために、自分でさらにできることはありませんか?
営業	分かったよ。とにかく文句言わずにマーケプランをやり直してみるよ。
生産	こっちももう一度調達先をゼロベースで見直して、1円でもコストを下げるよ。
F	さらに、相手のために貢献できることはありませんか? あるいは、何かをしてくれたら、何かをしてあげるとか。
開発	上期の新製品の顧客の声を大量に集めてくれませんか。我々のコンセプトがズレていないか検証したいので。

ようやくホンネが出ました。部門の代表という立場をはずれ、1人の人間として。

なんだ、やっぱりそこなのか。

④ここは勝負どころだぞ。一気呵成に攻めていこう。

ようやく事の重大さに気づいてもらえたようですね。

ですよね。

③④覚悟を決めてトドメに一発。ファシリテーターとメンバーの真剣勝負だ!

何とかメッセージが届きました。ようやく本当の問題に気づいてくれたようです。

お、いいムードになってきた。これならもう大丈夫。

④何とかチームが一枚岩になれたので、あとで具体案をどんどん出していこう。他責ではなく自責で。

ハイ、それは当然お願いしますよ。

これも当然といえば当然。これだけでは物足りないなあ……。

④チームなんだから、互いに協力し合わないと。自分は自分ではなく、相互乗り入れをしないと本当のチームになれませんよ。

そういうことです。それなら営業も協力してくれるはずですよ。

営業	それくらいならお安い御用だ。そのかわりに、先日頼んだマイナーチェンジ版。半月でもいいから早くならない？	そうやって、どんどんギブ＆テイクでいきましょう。あとは当事者同士で詰めてくださいね。
F	皆さんで一致協力できるからこそ、新しくやれることって他にないのでしょうか？	④仕上げにもう一発。何か斬新なアイデアって出てきませんかね？
生産	いっそのこと、今日みたいな話を現場レベルでやってみないか？　この苦境に何をすべきか現場で考えてもらうんだ。	そうか、それがあったか。それは気づきませんでした。これが実現すれば、会社全体が一枚岩になれる。
開発	それはいい！　ウチも乗った！	乗らないわけにはいきませんよね。
F	さあ、どんどん出してくださいね。そうやって、みんなで苦境を乗り切りましょう！	②もうこれで大丈夫。しばらくは３人に任せて、議論の成り行きを見守ろう。

ポイント解説　真剣勝負の立会人としての気概を持つ

　言いまわしを知っていても、とっさに使えなければ意味がありません。逆に、一切知らなくても、苦し紛れに出た一言で、場が大きく動く場合もあります。こういったフレーズは、覚えるのではなく湧き上がってくるものです。

　現実の場面では、コラム５で書いたように、対立の炎にファシリテーターが巻き込まれ、頭が真っ白になって自分を見失うことがあります。自分の心の中で起こっている感情（怒りや恐れ）に自覚的になるのが対処法なのですが、できない人は少し場から離れるようにしましょう。物理的な距離を少し置くだけで、俯瞰的に状況が見渡せるようになります。

　もう１つ大切なのは、**こういったフレーズをどれだけ迫力を持って投げかけられるか**です。人は、本気で関わろうという人には、応えようとします。気迫のない声では、綺麗ごとと受け取られて、まったく相手に響きません。

　だからといって、大きな声で威圧しろ、という話ではありません。静かな声であっても、気概や覚悟が込められたものであれば、人の心を揺さぶります。こういう場面では、"心"はもとより、"腹"が大切です。組織や社会を変革するには胆力が求められるわけです。

Column-6◉ワークショップをやってみよう!

　「ファシリテーション白書2014」（日本ファシリテーション協会）に興味深いデータが載っています。会議がうまくいかなかった要因を全国1000名の人に尋ねたところ、「発言が一部の人に偏っている」「本音で話すことができない雰囲気がある」という回答が上位を占めたのです。

　どうやら日本の会議は、リーダーや年長者の意見をありがたく拝聴する場のようです。とてもホンネなんか出せません。出したところで、お説教が返ってくるか、「言うからにはやれ」と脅迫されるのがオチです。

　みんなが意見を言わないのは、意見が"ない"のではなく"言えない"のです。安全・安心の場をつくれば、ありのままの自分に戻り、ざっくばらんに語り合えるようになります。異なる意見が相互作用を起こし、想定外の創造的なアウトプットが生まれてきます。

　それを可能にするのが「ワークショップ」です。一言でいえば、ライブ感あふれる双方向のホンネの対話の場です。

　"工場"での大量生産による画一的なモノづくりに対して、職人が小さな"工房"で手づくりでモノをつくっている。会議が黒のビジネススーツに臙脂のタイなら、ワークショップはTシャツにジーンズといったイメージです。だからこそ、気楽に真面目に話し合えるのです。

　ところが、「ウチでもワークショップを……」と、勢い込んで上司や関係者に進言しても、たいていは取り合ってもらえません。多くの人にとって、ワークショップは単なるお遊びか息抜きにしか見えないからです。しかもワークショップは既存の権威や権力をぶっ壊す力を秘めています。うっかりと座を貸してしまうと、あとでエライ目に遭うかもしれません。本能的な防御反応が生まれるのも当然です。

　でも、諦めてはいけません。上司や関係者を説得する格好の方法があります。ご本人をうまく騙してワークショップを体験してもらうことです。そうすれば、「これはいい!」と賛同者になること請け合いです。

参考:堀公俊、加藤彰『ワークショップ・デザイン』(日本経済新聞出版社)

関連書籍

ファシリテーションのスキルは多岐にわたっており、本書で取り上げたのはベーシックなスキルのみです。それ以外の応用スキルについては、下記の書籍をご参照ください。

堀 公俊、加藤 彰

ファシリテーション・グラフィック
議論を「見える化」する技法

基礎から実践まで、話し合いを効果的に「見える化」するのに必要なテクニックとノウハウを総合的に指南します。豊富な作例を見るだけでも勉強になります。

堀 公俊、加藤 彰、加留部貴行

チーム・ビルディング
人と人を「つなぐ」技法

場づくりから協働意欲を高めるアクティビティまで、バラバラな個人を活性化したチームに短時間で育て上げる技法を解説。付録のアイスブレイク集も重宝します。

堀 公俊、加藤 彰

ロジカル・ディスカッション
チーム思考の整理術

ロジカルに議論を整理してまとめる12の技術を一挙公開。合理的に会議を進めたい方に最適の指南書。フレームワークのポケットガイドも付録でついています。

堀 公俊、加藤 彰

アイデア・イノベーション
創発を生むチーム発想術

平凡なチームが極上のアイデアを出すためのファシリテーション技法を、豊富な事例とともに紹介しています。イノベーションを起こしたい方にお薦めの一冊です。

堀 公俊、加藤 彰

ディシジョン・メイキング
賢慮と納得の意思決定術

チームの意思決定で使える代表的な4つのアプローチを分かりやすく解説しています。ツールや実践事例も豊富に紹介されており、明日からすぐに役立ちます。

堀 公俊、加藤 彰

ワークショップ・デザイン
知をつむぐ対話の場づくり

プログラムづくりの基本からよく使うアクティビティまで、ワークショップを企画・設計するのに必要なすべてを解説。サンプルプログラムも豊富に載っています。

ブックガイド

〈総　合〉

● 堀 公俊『ファシリテーション入門』（日経文庫）日本経済新聞出版社
　４つのスキル（場のデザイン、対人関係、構造化、合意形成）でファシリテーションの全体像を分かりやすく解説しています。今やこの分野の標準テキストとなっています。

● 中野民夫『ワークショップ』（岩波新書）岩波書店
　ワークショップの意義や歴史から実際の活用方法まで、豊富な事例とともに紹介する名著。多様なファシリテーションの世界を総合的に学びたい人に欠かせない一冊です。

〈人間系〉

● 津村俊充、石田裕久編『ファシリテーター・トレーニング（第2版）』ナカニシヤ出版
　体験学習の考え方をベースに、教育におけるファシリテーションの意義やトレーニング法を説いています。幅広い分野でファシリテーターが活躍できることが学べます。

● 刈宿俊文他編『ワークショップと学び１〜３』東京大学出版会
　「まなびほぐし」の実践の場としてのワークショップを理論的・歴史的に考察し、新たな可能性を探究する本。専門書にもかかわらず気軽に読める内容になっています。

● 石川一喜、小貫仁編『教育ファシリテーターになろう！』弘文堂
　参加者の自発性を引き出す「参加型学習」の場をファシリテートしていくスキルを具体的に解説しています。学校、社会教育、企業研修など、幅広い方に読んでほしい良書です。

〈社会系〉

● 浅海義治他『参加のデザイン道具箱１〜４』世田谷トラストまちづくり
　この分野のスタンダードである〝世田谷系〟と呼ばれるワークショップ技法やファシリテーションスキルが学べるテキストです。一般書店では入手できず、直接お求めください。

● 木下 勇『ワークショップ』学芸出版社
　まちづくりのワークショップの事例や方法論を総合的に解説しています。ワークショップの歴史や背景についてとても詳しい解説があり、資料的な価値も高い一冊です。

● 山崎 亮『コミュニティデザイン』学芸出版社
　〝地域活性化の仕掛け人〟と呼ばれる著者が、人と人をつなぐ「コミュニティデザイン」の仕組みを明らかに。ファシリテーションの技法や考え方が随所に散りばめられています。

●フラン・リース『ファシリテーター型リーダーの時代』プレジデント社
　数あるファシリテーションの翻訳本の中で『会議が絶対うまくいく法』と並びお薦めです。
実践的なスキルの紹介からリーダーシップ論まで盛りだくさんの内容になっています。

●森 時彦『ザ・ファシリテーター』ダイヤモンド社
　1人のファシリテーターが組織を変革するリアルな物語を通じて、ファシリタティブなリ
ーダーシップのスキルとマインドが学べます。続編とあわせてお読みください。

●堀 公俊『チーム・ファシリテーション』朝日新聞出版
　組織開発の考え方を活かせば、毎週のチーム会議で組織力を高めることができます。メン
バーのモチベーションを高め、最強のチームをつくるための方法を提唱しています。

●関 尚弘、白川 克『反常識の業務改革ドキュメント』日本経済新聞出版社
　業務の大改革に普通の会社員が取り組み、見事成功に導くまでの軌跡を描くノンフィクシ
ョン。ファシリテーションをどのように活用すればよいか手に取るように分かります。

●榊巻 亮『世界で一番やさしい会議の教科書』日経BP
　グダグダの会議を生産性の高い会議に変えるためのカイゼンのヒントがストーリー仕立て
で展開されていきます。会議ファシリテーションの入門編としてお勧めの一冊です。

〈複合系〉

●アニータ・ブラウン他『ワールド・カフェ』ヒューマンバリュー
　もっとも普及したホールシステム・アプローチの手法であるワールド・カフェを実践する
ための原理と方法を紹介した本。ワークショップ全般で使える技が散りばめられています。

●野村恭彦『イノベーション・ファシリテーター』プレジデント社
　多様な人を集め、イノベーションを起こし、社会的問題を解決するファシリテーターにな
るための思想と実践法を平易な言葉で解説しています。同著者の翻訳本もお薦めです。

●前野隆司『システム×デザイン思考で世界を変える』日経BP
　イノベーションを創出するための考え方、手法、活用事例を集約したテキストです。カラ
ーで大変読みやすく、ファシリテーションのヒントがぎっしり詰め込まれています。

●熊平美香『チーム・ダーウィン』英治出版
　会社の運命を託されたチームが最強の組織へと変貌していく成長と変革の物語です。読み
進めるうちに「学習する組織」を活かしたファシリテーションのポイントが学べます。

おわりに

　なぜ、あのファシリテーターだと話し合いがうまくいくのか？　そんな疑問を持ったことはないでしょうか。

　選りすぐりのメンバーを集めたわけでもなければ、使う手法もありふれたものばかり。にもかかわらず、あの人がファシリテーションをすると、１人ひとりがイキイキと輝き、大きな響き合いが生まれていく。

　１つの答えが本書です。いくら手法やツールを仕入れても、それだけでは通用しません。こういった**小さな働きかけや言いまわしの積み重ねが、大きな違いとなって現れてきます**。現場で繰り返し実践する中で"芸"を培うしかありません。話術や仕草こそ、優秀なファシリテーターから盗むべきものです。

　加えてもう１つ、本書で書けなかったことがあります。ファシリテーターのあり方（Being）です。どんな思いで場に臨むのか、どんな姿勢で人や社会と関わるのか、それを問われるのがリアルな現場です。名人ともなれば、その場にいるだけで大きな力を発揮します。

　残念ながら、これは私には教えられません。皆さん１人ひとりの生きざまが現れるものだからです。私に唯一できるのは問いを発することです。皆さんがファシリテーションを探究・実践する本当の"意味"は何でしょうか？

　本書を締めくくるにあたり、一言お礼の言葉を申し上げておきます。

　ファシリテーションのベーシックを探究するにあたり、数多くの文献に当たり、先人の知恵をたくさん拝借しました。１人ひとりお名前を挙げられませんが、この場を借りて、厚く御礼申し上げます。

　日本ファシリテーション協会の定例会やシンポジウム、筆者が主催するさまざまなワークショップの場でも数多くのヒントを拾わせてもらいました。ご参加くださった皆さんにお礼を申し上げたいと思います。

　シリーズ６冊に続いて、編集の労をとってくださった日本経済新聞出版社の堀江憲一氏にも心より感謝いたします。そして最後に、執筆を陰で支えてくれた愛妻と子どもたちに感謝の言葉を。いつもありがとう！

索引

■著者紹介

堀 公俊（ほり・きみとし）

神戸生まれ。大阪大学大学院工学研究科修了。大手精密機器メーカーにて商品開発や経営企画に従事。95年より組織改革、企業合併、教育研修、コミュニティ、NPOなど多彩な分野でファシリテーション活動を展開。03年に有志とともに日本ファシリテーション協会を設立し、初代会長に就任。研究会、ワークショップ、研修を通じて、幅広いジャンルのファシリテーターをのべ2万人以上養成してきた。

著書：『ファシリテーション入門』『ビジュアル　ビジネス・フレームワーク』（ともに日経文庫）、『問題解決ファシリテーター』（東洋経済新報社）、『チーム・ファシリテーション』（朝日新聞出版）など多数。

連絡先：fzw02642@nifty.ne.jp

日本ファシリテーション協会

ファシリテーションの普及・啓発を目的とした特定非営利活動（NPO）法人。プロからビギナーまで、ビジネス・まちづくり・教育・環境・医療・福祉・芸術など、多彩な分野で活躍するファシリテーターが幅広い活動を全国で展開している。

〈Website URL〉http://www.faj.or.jp

ファシリテーション・ベーシックス

2016年2月17日　1版1刷
2020年9月29日　　3刷

著　者	堀 公俊
	©Kimitoshi Hori, 2016
発行者	白石 賢
発　行	日経BP
	日本経済新聞出版本部
発　売	日経BPマーケティング
	〒105-8308　東京都港区虎ノ門4-3-12
印刷・製本	中央精版印刷株式会社

ISBN978-4-532-32044-7　Printed in Japan